풍수
부자들

운이 모이는 터, 공간, 사람의 비밀

풍수 부자들

ⓒ 천동희 2024

1판 1쇄 2024년 9월 19일
1판 2쇄 2024년 10월 17일

지은이 천동희
펴낸이 유경민 노종한
책임편집 구혜진
기획편집 유노라이프 권순범 구혜진 **유노북스** 이현정 조혜진 권혜지 정현석 **유노책주** 김세민 이지윤
기획마케팅 1팀 우현권 이상운 **2팀** 이선영 김승혜 최예은
디자인 남다희 홍진기 허정수
기획관리 차은영
펴낸곳 유노콘텐츠그룹 주식회사
법인등록번호 110111-8138128
주소 서울시 마포구 월드컵로20길 5, 4층
전화 02-323-7763 **팩스** 02-323-7764 **이메일** info@uknowbooks.com

ISBN 979-11-91104-99-8 (03190)

운이 모이는 터, 공간, 사람의 비밀

풍수 부자들

천동희 지음

일러두기

참고한 문헌 및 자료는 책 뒤에 목록으로 정리해 두었으며, 본문에는 *기호로 표시해 두었습니다.

부자들이
풍수 컨설팅을
받는 이유

"사람들은 보이고 만질 수 있는 것들만 믿는다.

…

음과 양, 과학과 미신, 바로 그 사이에 있는 사람."

영화 〈파묘〉 초반에 나오는 이화림의 독백 중 일부다. 나는
풍수 집안에서 태어났다. 처음부터 풍수를 업으로 하는 사람
이 되려던 것은 아니지만, 이제는 누가 봐도 풍수를 하는 사
람 그리고 풍수를 연구하고 가르치는 위치에 서게 되었다. 나

역시 과학과 미신 사이에서 더 나은 삶을 위한 방향을 제안하는 역할을 하고 있다.

풍수는 장풍득수藏風得水의 줄임말로, 바람을 막고 물을 얻는다는 의미다. 이러한 자연의 법칙을 활용해 삶을 물질적으로 혹은 정신적으로 풍족하게 만들어 주는 생활 철학이라고 할 수 있다. 많은 사람들이 미신이라고 여기지만, 풍수는 수천 년 전부터 지금까지 부자를 포함한 사회지도층이 누려 온 아비투스(특정 계층이 향유하는 문화 및 습관)이자 그들만의 생활 비법이다.

아무리 시대가 변하고 문명이 발달해도 우리가 돈이 들어오기를 바라는 것은 변함없다. 사람들은 내가 사는 곳에 운과 부富가 들어오기를 원하며, 궁극적으로 부자가 되고 싶어 한다. 그렇다면 진짜 재물운이 들어오는 방법이 있을까? 혹은 재물운을 불러오는 방법과 물건이 따로 정해져 있을까?

부자가 사는 집, 부자가 되는 공간

풍수의 고서 《황제택경》에는 이런 말이 나온다.

"집이 있어 사람이 존재하고, 사람이 관리하니 집이 존재한다."

아무리 풍수적으로 좋은 명당터에 좋은 집을 짓는다고 해도, 그 집을 관리하는 사람이 제대로 관리하지 못하면 절대 좋은 운을 받을 수 없다는 의미다. '부자가 사는 집'은 단순히 비싼 집, 비싼 가구가 있는 집이 아닌, 오래도록 부를 유지하고 행복을 누릴 줄 아는 사람이 관리하는 맑고 깨끗한 집을 의미한다. 그리고 그런 집에는 재물운뿐만 아니라 좋은 일들이 자연스레 따라오게 되어 있다.

풍수를 공부하고 컨설팅하며 사연이 있는 사람부터 경제적으로 풍족하지 못한 사람, 지나칠 정도로 부자인 사람 등 다양한 계층의 사람들을 만났다. 그들의 공간을 보면서 땅과 사람 그리고 현실적인 경제적 풍족에 대한 많은 생각을 하게 되었다. 이 책은 우리가 평소에 보고 만지고 생각하던 것과는 조금 다른, 삶을 풍족하게 채워 줄 풍수에 대한 이야기를 담고 있다. 현실적이고 실용적인 재테크 기법은 아니지만, 그 어떤 재테크 방법보다 더 실용적일 것이다. 이 책의 의미를 제대로 받아들일 수 있다면, 분명 삶이 이전보다 훨씬 더 풍요로워질 것이다.

너무나도 가치 있지만 그 의미가 왜곡되고 퇴색되어 가는 풍수의 이치를 전할 수 있는 이가 필요하다는 마음으로 글을 채웠다. 비록 부족한 식견을 가졌으나, 풍수 컨설팅을 통해서 직접 사람들을 만나고 얻은 것들에 자부심이 있다. 풍수 집안에서 태어나 풍수의 소중함과 무서움을 동시에 알고 있기에 풍수 컨설팅을 하는 것, 풍수에 대한 이야기를 하는 것 등 모든 것에 있어서 신중한 마음으로 임하고 있다.

이 책도 그렇다. 더 나은 삶을 살고자 하는 의뢰인을 위한다는 마음으로 내용을 구성하였다. 이 책은 풍수에 대한 이론을 수립한 책이 아니다. 학문적인 연구를 바탕으로 하고자 하는 이에게는 부족하다고 느껴질 수 있다. 그렇지만 학문적 성찰이 아니더라도 풍수의 본질적 가치는 우리가 원하는 부자의 삶을 가져다 줄 중요한 요소 중 하나다. 단순히 나의 삶을 풍족하게 하는 것을 넘어, 우리 모두가 잘 살 수 있는 해법을 담고 있기도 한 것이기 때문에, 나의 부족한 이야기를 통해서라도 풍수의 가치 그리고 진정으로 잘 살아간다는 것, 부잣집에서 부자로 산다는 것의 의미를 정립했으면 하는 바람을 가져 본다.

원래 이 글은 가벼운 풍수 인테리어 책이 될 뻔했다. 하지만, 출판사의 혜안 덕분에 더 의미 있는 주제의 글로 변모하게 되었다. 이 책이 나올 수 있기까지 애써주신 출판사 모든 관계자분들에게 감사하다는 말씀을 전한다. 또한 사랑하는 한 사람의 응원과 지지가 없었다면 이 책에 담긴 내용 그리고 풍수의 가치를 전하는 나의 삶이 시작될 수 없었을 것이다.

〈머찌동의 머찐공간〉 채널을 구독해 주신 24만 명의 구독자분들의 묵묵한 응원을 항상 가슴에 새기면서 살아가고 있다. 컨설팅을 통해서 오히려 내가 더 많은 것을 깨달을 수 있게 해 준 의뢰인 분들의 평안을 진심으로 기원한다. 끝으로 나와 관계된 모든 이들이 진정으로 부자로서의 삶을 살아가기를 기원하면서, 책의 시작을 열어보겠다.

풍수사 천동희

1장 1퍼센트 부자에게 풍수는 과학이다
풍수에 대한 오해와 진실

3장 땅 위에 있는 것들의 중요성

풍수 부자들의 비밀 2

4장 풍수에서 사람을 뺄 수 없는 이유

풍수 부자들의 비밀 3

5장

내가 사는 곳에서 부자가 되는 법

풍수 부잣집 5계명

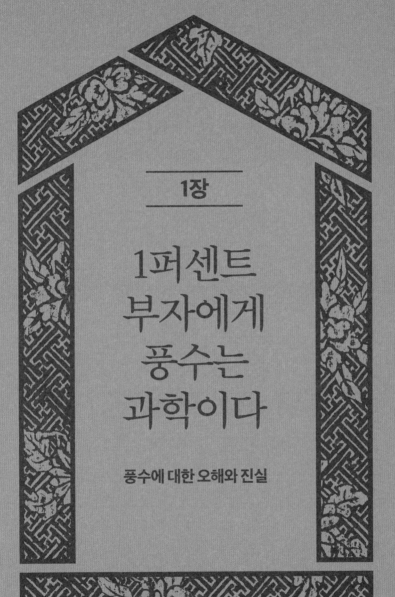

1장

1퍼센트 부자에게 풍수는 과학이다

풍수에 대한 오해와 진실

부잣집에는
해바라기 조화가
없다

　우선 가볍게 생각해 보자. 현대인들이 부의 상징이라고 알고 있는 해바라기는 정말 부의 상징이 맞을까? 그리고 정말로 해바라기를 둔 집에는 재물운이 들어올까?

　내가 지금까지 다녀 본 현장을 바탕으로 말하자면 경제적으로 풍족한 공간일수록 해바라기 액자를 보는 빈도가 적었다. 반대로 해바라기 액자나 재물운을 불러 모은다고 알려진 물건이 많을수록 부자와는 거리가 멀어 보였다. 이것은 해바라기를 두면 집의 운이 나빠진다는 의미로 하는 말이 아니다.

해바라기라는 물건에 치우칠 필요가 없다는 이야기를 하고자한다.

이 책을 집필하던 중에도 창원에서 공장을 운영하는 대표님의 아파트와 부산 해운대에서 사업을 하는 대표님의 아파트를 감정하고, 또 인근에 있는 더 좋은 아파트를 찾아드리고 왔다. 두 분의 아파트를 돌아봤을 때에도 생각보다 검소한 모습에 많이 놀랐다. 역시나 해바라기 액자는 없었다. 물론 풍수에 관심이 있으니 나와 인연이 되고 집 안에 액자 한두 개정도는 걸어 두었지만, 지나친 소품은 찾을 수 없었다. 오히려 작은 방 벽 한편을 가득 채운 부동산 관련 서적들이 더 눈에 들어왔다.

물건 하나 바꾼다고 운이 바뀌지 않는다

'풍수 인테리어'는 현대에 들어서 새롭게 정립된 개념이다. 나의 경우에도 음양오행陰陽五行을 바탕으로 한 공부를 이어가며 공간을 이해하기 위해 노력 중이며, 유학을 비롯한 동양철학에서 강조하는 올바른 생활 방법을 바탕으로 풍수 인테리어를 학문화하는 중이다.

풍수 인테리어라고 했을 때, 많은 사람들이 주로 물건에 집중하려고 한다. 그러다 보니 해바라기 조화에 대한 맹목적인 믿음이 생긴 것이 아닌가 하는 생각이 든다. 이런 모습을 보고 풍수를 잘 모르는 사람들은 '풍수는 그저 물건 하나만 두고 하늘에서 감 떨어지길 바라는 것인가 보다'라고 오해한다. 하지만 풍수 인테리어를 포함한 전통적인 풍수의 가르침 속에는 물건 하나에 집착하는 이야기는 절대 찾을 수 없다. 쉽고 빠르게 많은 것을 얻고자 하는 현대인의 인식과 결합되어 왜곡된 풍수 인식 체계가 만들어진 것이다.

이어서 풍수를 바탕으로 한 부자들의 공간 그리고 부자가 되기 위한 공간에 대한 이야기가 이어질 것이다. 부잣집에 대한 이야기를 시작하기 전 '부잣집에는 맹목적인 요행을 위한 물건은 없다'라는 말을 강조하고 싶다. 조잡한 부엉이와 돼지 조각 그리고 돈나무 액자의 조합은 오히려 탐욕의 상징에 가깝다. 좋지 않은 기운을 일컬어 '사기私氣'라고 표현한다. 운을 불러 모으고자 하는 물건이 오히려 사사롭고 좋지 못한 기운의 온상이 될 수 있다는 점을 주의해야 한다.

진정한
풍수의 의미

풍수가 우리 삶에서 꼭 필요한 이유는 '기운'과 밀접한 관련이 있다. 좋은 자리를 찾고자 하는 이유는 기운이 모여 있는 자리를 얻고, 그 공간에 머물면서 직접적으로 공간의 기운을 이용하기 위함이다. 내가 사는 공간에 운을 불러 모으는 물건을 두고자 하는 이유 역시 물건의 기운을 활용하고자 함이 클 것이다.

다만, 물건으로 모든 문제를 해결하려는 방법은 큰 왜곡을 불러일으킨다. 유래를 알 수 없는 잘못된 풍수 정보에 현혹되기 쉽다는 의미다.

여기서 한 가지 구분해야 하는 풍수의 개념은 '비보裨補'다. 비보는 부족한 것을 보충한다는 의미로, 자연 지세의 부족한 점을 인간의 인위적인 노력으로 보충하여 완벽성을 높이는 작업이다. 이러한 '비보풍수'의 적용 사례는 오래 보존되고 있는 사찰이나 마을에서 쉽게 확인할 수 있다. 한 마을을 감싸주는 산세가 완벽하지 못해 마을의 입구가 훤히 열려 있다면, 그 마을의 기운이 빠져나가고 있다는 것을 의미한다. 이를 보완하기 위해 열려 있는 부분에 나무를 심어서 기운을 보완하

▲ 나무로 기운을 보충한 옻골 마을

고자 한 '옻골 마을'이 대표적인 비보풍수의 예다.

　나무뿐만 아니라 소금을 통해서 화火기운을 잠재우기 위한 전통 의식도 비보풍수의 일종이다. 전통사회의 경우 불에 대한 강한 경계심과 두려움이 나타났다. 특히 불의 기운이 강한 지역, 예컨대 산의 형태 중 불의 기운이 강한 산의 형태가 마을에서 보인다면, 그 마을에서 화재가 일어날 확률이 높다고 생각하였다. 그래서 산봉우리에 올라가 정기적으로 소금을 묻거나 간수를 부어서 마을에 화재뿐만 아니라 여러 액운이 일어나지 않기를 기원하였다.*

하지만 비보풍수의 개념을 확대 해석하면, 이런 보완 장치가 본질적인 부족함마저 채워줄 수 있다고 생각하게 된다. 해바라기 혹은 풍수 소품에 대한 지나친 맹신이 바로 이와 같은 격이다.

나 역시나 회사 차원에서 풍수 관련 액자를 직접 제작하고 판매하고 있지만, 실상 그것을 통해서 모든 일이 이루어지지 않는다는 점을 항상 강조한다. 많은 사람들이 물어보는 질문 중 하나가 "액자가 효험이 있나요?"라는 질문이다. 그 어떤 액자나 풍수 소품이라고 해도, 마음이 기운이 되어 어떤 의미를 가질 수는 있으나, 물건 자체가 기운을 불러오는 것은 절대 아니다.

물건으로 효과를 보고자 한다면, 그 물건을 두는 마음가짐과 그 마음을 받는 집의 상호작용에 더 집중해야 한다. 마음을 갖춘 이후에야 세부적인 것들이 의미를 가지고, 그것을 바탕으로 자연의 이치를 적용할 수 있다. 본질 없이 맹목적인 물건을 통한 발복을 원하는 것이야말로, '요행을 바라는 마음'이자 '미신'이다.

물론 물건을 둠으로써 내가 일정한 위로를 얻을 수 있다면 그것은 의미가 있다. 하지만 풍수를 통해서 공간을 선정하고 그 내부를 컨설팅하는 입장에서 항상 본질의 중요함을 강조한다. 그래서 나의 공간을 부자가 사는 공간, 진정한 의미의 부잣집으로 만들고자 한다면, 요행을 위한 지나친 장식물은 피하는 게 좋다. 지금 내가 머무는 곳을 소중하게 생각하는 마음이 더 큰 운으로 작용하여 우리 삶에 긍정적인 영향을 미친다.

풍수 부자로 가는 길

'비보풍수'란 땅의 기운이 약하거나 모자랄 때 기운을 보태거나 채우는 것을 의미한다. 현대적인 개념으로 풀이하자면, 우리가 집 안에 물건을 두고 세부적으로 구조를 변경하는 것도 비보풍수의 일종이다. 하지만 이것이 지나치게 물건 중심적으로 가면, 꼬리가 몸통을 흔드는 격이라고 할 수 있다. 집에 두는 물건보다 중요한 것은 그 물건을 두는 마음가짐이다.

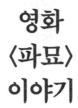

영화
〈파묘〉
이야기

1990년 육관도사 손석우의 《터》라는 책이 큰 인기를 끌면서 많은 사람들이 풍수에 관심을 갖게 되었고, 전국에 있는 수많은 대학과 교육기관에서 풍수지리 강좌를 개설하였다. 그리고 약 30년이 지난 2024년에 영화 〈파묘〉가 개봉해 큰 인기를 끌었다. 〈파묘〉는 많은 사람들이 풍수에 대해서 새롭게 인식하는 계기가 되었다.

내가 풍수를 연구하는 사람인 것을 아는 지인들은 〈파묘〉 덕분에 많은 사람들이 찾지 않았냐고 물어보기도 한다. 하지만 늘 컨설팅 문의가 많았기에 딱히 〈파묘〉 때문에 연락이 많이 온다고 느껴지지는 않았다. 다만, 〈파묘〉 흥행 시기에 맞춰 대중의 관심을 이어가고자 하는 유튜브 채널과 매체에게 많은 연락을 받았다. 물론 영화에 나온 내용이 100퍼센트 다 맞다고 할 수 없지만, 실제로 풍수에서 다루는 내용과 어느 정도 통하는 부분은 있다.

부잣집 묘 이장 비용이
진짜 10억일까?

영화 〈파묘〉는 풍수사와 장의사 그리고 무속인이 한 팀이 되어 한 재벌가의 묘로부터 파생되는 이야기를 다룬 영화다. 풍수와 잊혀져 가는 무속과 장의사의 모습 그리고 한참 논란이 되었던 일제의 '말뚝설' 등을 다루고 있어서 큰 관심을 모았다. 〈파묘〉를 처음 보았을 때, 풍수를 업으로 삼고 있는 이가 봤을 때에도 세세한 부분까지 현실 고증이 잘 되어 있음이 느껴졌다.

극 초반에 "왜 그런 사람들 있잖아요? 밑도 끝도 없는 그냥 부자"라는 말이 나온다. 그 밑도 끝도 없다던 영화 속 부잣집의 시작은 친일이었다. 여기서 친일에 대한 도덕적인 부분을 이야기하고자 함은 아니다. 영화를 보면서 정말로 부자들이 이장비로 5억을 쓰는지 혹은 그 이상의 비용을 쓰는지 궁금해하는 사람이 있을 것이다. 나의 경험에서 봤을 때 결론부터 말하자면, 그렇다. 그리고 그 비용은 어찌 보면 적은 금액이다.

30~40년 전에도 억대로 불리는 금액으로 조상 산소를 이전하는 정치인과 부자들이 많았다. 그리고 20여 년 전만 해도 재벌가에서 수십억에 가까운 비용을 산소 조성에 사용했다는 내용을 본 적 있다. 영화에서 풍수사 김상덕이 한 말처럼, 대한민국 1퍼센트에게 풍수는 과학이라고 하는 말이 틀린 말이 아니다. 대한민국 1퍼센트가 아닌, 0.001퍼센트들에게 풍수는 빠질 수 없는 삶의 관점이자 방법이다.

이러한 인식의 근원은 역사적으로 거슬러 올라가면 쉽게 확인할 수 있다. 임진왜란을 겪은 후, 선조는 중국의 풍수가인 섭정국을 불러 궁궐의 풍수를 확인하고자 하였고, 세종은 풍수에 대해서 부정적 견해를 보이기는 했으나, 성 안에 흙을 채워 넣을 때 풍수학 제조들에게 자문을 받도록 지시하였다.* 이러한 역사적 사실에 대해서 염세적으로 생각한다거나 그래서 조선이 망했다는 생각은 하지 않았으면 좋겠다. 풍수와 역사의 부정적인 모습을 연관 지어 생각한다면 풍수에 대한 가치 판단을 떠나서 우리의 존재 자체를 부정하는 격이다. 풍수는 항상 우리 옆에 있었기 때문이다.

나라가 처음 세워져 수도를 정할 때에도 풍수는 언제나 고려되어야 할 일순위였다. 이러한 풍수적 관점은 동양 철학에서 밝히는 음양오행의 근본을 떠나서, 지리적인 관점으로 봤을 때에도 적합한 지점이 많았다. 어렵게 생각할 것 없다. 우리가 생각하는 명당이라고 지칭하는 곳들, 뒤에 산이 있고 앞에 물이 흐르며, 평지가 넓게 펼쳐진 곳에서 안락함을 느끼는 이유는, 개인의 집이든 나라의 수도든 같은 의미로 작용한다.

풍수는 사람이 잘 살 수 있는 곳을 찾고자 하는 목적을 가지고 있다. 나라가 발전하려면 땅이 비옥해야 하고, 물을 통한 교역이 좋아야 하며, 외부로부터의 침입을 쉽게 막을 수 있어야 한다. 풍수를 배제하고 살기 좋은 땅을 찾는 것과 풍수적인 관점으로 좋은 땅을 찾는 것은 큰 차이가 없다. 거기에 풍수에는 미래에 대한 운적인 관점까지 더해지니, 실상 나라를 움직이는 이들에게 풍수만큼 부와 권세를 이어갈 수 있는 학문은 없었다.

그렇게 봤을 때 설령 조상 산소 비용에 5억 혹은 50억이 필요하다고 해도 문제가 되지 않았다. 대를 이어서 가업을 이어

갈 수 있는 힘과 운이 생긴다고 확신하거나 혹은 그렇게 될 수 있는 확률을 높이는 데 기여할 수 있다면, 충분히 비용을 들여도 남는 투자라는 것이다. 말 그대로 그들에게 풍수는 투자 혹은 보험의 측면이다.

땅의 소중함을
알려 주는 풍수

"작은 부자는 노력으로 이룰 수 있지만, 큰 부자는 하늘이 내린다"라는 말이 있다. 큰 부자, 단순히 가진 자산이 많다는 것을 넘어서서 오래도록 부를 유지하고 사회에 기여할 수 있는 큰 부자가 되는 것은 땅의 힘 없이는 불가능하다.

땅이라는 관점에서 봤을 때, 우리나라의 수려한 땅은 이미 오래전부터 주변국들에게는 부러움과 두려움의 대상이었다. 〈파묘〉에 나온 "범의 허리를 끊는다"라는 말에서 알 수 있듯이 우리나라 백두대간은 범의 모양으로 표현된다. 산의 능선을 풍수 용어로 '용'이라고 한다. 용은 기운의 흐름이다. 우리 몸을 타고 흐르는 핏줄과도 같다. 그 핏줄이 지역 곳곳에 미치지 않는 곳이 없으니, 작은 국토임에도 훌륭한 인물들이 태어나고, 세상에 영향을 미치는 에너지와 능력을 갖게 되는 것이다.

영화에 나오는 '기수네', '무라야마 준지'는 실제 인물인 '무라야마 지준'을 각색한 것으로 보인다. 무라야마 지준은 일제강점기 당시 조선총독부의 촉탁으로 《조선의 풍수》라는 책을 저술한 인물이다. 풍수뿐만 아니라 무속, 종교, 신앙, 예절 등 모든 관점에서의 한국 문화를 살펴보고 집필하였다. 《조선의 풍수》는 풍수에 대한 객관적인 관점과 이론을 정립하였고, 대한민국 역사에서 펼쳐진 풍수와 관련한 모든 이야기가 총망라되어 있다. 의미 없는 식민국의 문화라고 여겼다면 이렇게까지 체계화하고 학문화할 수는 없었을 것이다.

영화 이야기로 돌아와서, 일본의 풍수적인 음모로 우리나라의 정기가 훼손되고 있다는 사실을 알게 된 풍수사 김상덕은 그것을 적극적으로 해결하려고 한다. 하지만 장의사 고영근은 말린다. 쇠침이 있든 없든 지금까지 우리가 잘 살지 않았냐고. 그러자 김상덕은 "우리 땅이다, 우리의 손주들이 밟을 땅이다"라고 답했다. 그렇다. 부자도 부자지만, 궁극적으로 지금 우리는 이 땅 위에서 어떻게든 잘 먹고 잘 살아왔다. 하지만 이후의 세대에게 그것을 보장해 줄 수 없는 땅이 되어

가고 있다는 것, 그 점이 중요하다.

　우리 모두 건강하게 살고 있는 것 같지만, 어떻게 보면 인생은 매일 죽어가는 과정이며, 하루하루 죽음에 더 가까워진다. 그리고 이 세상을 떠나는 것에는 순서가 없다. 자연의 이치일 뿐이다. 흙으로 돌아가는 과정 그리고 그 흙을 우리가 지키는 과정에 대한 이야기, 풍수는 모두가 풍족하게 살아갈 환경을 지켜 나가는 핵심을 담고 있다.

풍수 부자로 가는 길

음택풍수는 조상님을 좋은 자리에 모시면, 조상님의 뼈가 황골이 되어 오래도록 보존되고, 땅의 기운을 전해 주는 매개체가 되어 계속해서 자손들이 잘된다는 것을 의미한다. '뼈대 있는 가문'이라는 말에서 그 의미를 찾을 수 있다. 요즘은 매장보다는 화장을 선택하는데, 납골당의 경우 산 사람의 기준으로 좋은 자리를 정하는 것일 뿐, 실질적인 땅의 원리가 적용되지 않을 확률이 높다. 따라서 그 안에서 명당 길지를 찾는 것은 큰 의미가 없다.

풍수는
미신이
아니다

의뢰인들과 이야기를 나누다 보면 자주 듣는 이야기가 있다.

"제가 사실 교회에 다니고 있어서 풍수를 안 믿었어요. 미신이라고 생각했으니까요. 그런데 대표님이 말씀하시는 거 들어 보면 틀린 이야기도 아닌 것 같거든요."

이런 의뢰인들에게 나는 보통 이렇게 말한다. 예수님의 말씀을 전하든 부처님의 말씀을 전하든, 지구라는 땅 위에 지어진 건축물 안에서 종교적인 행위가 이뤄진다. 설령 자신이 다니는 교회의 목사님이나 신부님 혹은 스님(한국 사회에서 불교는 풍수와 밀접한 관련이 있는 편이다)이 풍수를 중요시한다고 해도 실망할 필요 없다. 오히려 그런 분들일수록 땅의 중요성을 인정하는 지혜로운 전도자라는 생각이 든다.

특정한 곳을 말할 수는 없지만, 절과 교회를 포함해 종교 활동이 왕성하게 이뤄지지 못하는 곳은 위치가 좋지 않거나, 건물의 모양이 자연의 흐름과 어울리지 않는 등 부정적인 풍수 요인이 작용한다. 예수님의 말씀을 믿든, 부처님의 가르침을 따르든, 살곡풍이 치는 곳에 집을 짓고 앉아 있으면서 기도하면 다 된다고 생각해서는 안 된다. 종교 시설도 예외가 아니다. 터의 기운이 좋아야 모든 것이 잘 풀린다.

눈에 보이는 것이
전부가 아니다

풍수의 원리를 따르는 곳은, 자연의 이치를 잘 이해하고 있는 곳을 말한다. 이것이 믿고 안 믿고의 차원이 아니라고 말하고 싶다. 그런 의미에서 부잣집에 사는 사람들 그리고 부자라고 불리는 사람들이 풍수, 점술, 역학에 지대한 관심을 갖는 것에 대해서도 부정적으로만 바라볼 게 아니다.

그럼에도 수많은 사람들을 접하는 나로서는, 풍수에 대한 미신적 인식을 거스르기 어렵다는 느낌이 들 때가 많다. 앞에서 언급한 것처럼, 역사 속 그 어떤 흔적도 찾아볼 수 없는 해바라기에는 맹목적인 믿음을 보이면서, 사계절이 순환하는 당연한 자연의 이치에 바탕을 둔 풍수를 부정하는 사람들이 많다. 짐작하건대 보이지 않는다는 측면과 가시적인 성과를 확인하기 어렵다는 점 때문일 것이다.

비약적인 가정일 수 있지만, 이와 관련해서 내가 자주 하는 말이 있다. 내가 사는 공간을 채우는 것들 중 눈에 보이는 것이 많을까, 아니면 눈에 보이지 않는 것이 더 많을까? 당연히 비어 있는 공간의 비율이 훨씬 더 높다. 어찌 보면 눈에 보이지 않는 빈 공간이 더 중요한 역할을 한다는 것이다.

비어 있다고 하지만, 육안으로 보이지 않는 물질적인 부분도 있을 것이고, 물질적인 측면으로 해석되지 않는 것도 존재할 가능성이 있다. 내가 풍수 인테리어 강의를 하면서 청결을 가장 강조하는 이유는 육안으로 보이지 않는 작은 먼지들을 닦고 없애면서 집이 깨끗해지는 과정을 느끼는 것에 초점이 있다.

음기는 습하고 어둡고 먼지가 가득한 곳에 쉽게 쌓인다. 눈에 보이는 먼지를 없애는 작업을 하고 나서 찾아오는 감정 중 하나가 평온함이다. 깨끗한 곳을 보면서 쾌적함을 느끼고, 그 깨끗함을 지속하고자 하는 의욕이 생긴다. 그 쾌적함과 의욕이 나의 공간의 보이지 않는 곳을 가득 채운다.

작은 변화가
운의 시작이다

내가 운영하는 유튜브 채널 중 풍수 인테리어를 주로 다루는 채널은 거의 매일 영상을 올린다. 사람들이 매일 작은 것부터 실천할 수 있도록 돕기 위해서인데, 그런 목적이 효과를 발휘하여 일상에서 크고 작은 변화를 느낀다는 분들이 많아지고 있다.

풍수적인 관점에서 봤을 때 2024년부터 2043년까지는 9운의 시대다. 운은 1~9운으로 나뉘고, 각 운은 20년 동안 작용한다. 아홉 번의 주기를 거치면서 180년의 1순환이 채워지고, 그 과정이 반복된다. 2024년부터는 전과 다른 새로운 시대가 펼쳐질 것이다.

우리가 운동을 오늘 하루 했다고 다음 날 바로 몸이 좋아지는 것이 아니라 그 시간들이 쌓여야 어느 날 효과를 보는 것처럼, 운의 변화도 마찬가지다. 해가 바뀌었다고 해서 하루아침에 변하는 것이 아니라 과도기를 거쳐야 한다. 그 시점이 올해부터 시작되었다. 앞으로 사회적으로 인정받을 사람은, 인문학적 소양이 풍부하고 철학적 사고를 할 수 있는 사람 그리고 덕망이 높은 교육자일 것이다.

막연하게 생각할 필요 없이 주변을 한번 돌아보자. 나도 그렇고 개인의 SNS나 유튜브 활동을 통해서 사람을 모으고, 그 사람들과 같이 하루를 열심히 살고자 하는 스터디 활동, 강의, 교육이 눈에 띄게 증가했다. 삶의 변화를 만들어 내기 위해 1차적 요구를 채우는 것을 넘어 독서 모임, 미라클 모닝 등 고차원의 쾌락과 정신적인 만족감을 얻고자 하는 형태로 사회가 변화하고 있다.

오랜 풍수의 고서 《금낭경》에서는, 풍수학을 '탈신공개천명 奪神功改天命'의 학문이라고 칭하였다. 풍수를 통한 삶의 변화는 마치 신의 공을 가로채는 것과 같은 운명의 변화를 만들어 낸다는 의미다. 이를 통해 부자라는 사람들, 부자를 넘어 국가를 만들고 나라 전체를 운용하고자 하는 사람들이 풍수를 오래도록 가까이하고자 했던 이유를 쉽게 짐작할 수 있다.

믿고 안 믿고의 문제를 내가 강제적으로 바꿀 수 없다. 어느 정도 설득할 수는 있지만 그것을 받아들이는 일은 개인의 문제다. 하지만 풍수가 무엇인지, 보이는 것과 안 보이는 것이 무엇인지에 대한 논의를 접어두고, 부자라는 관점만 두고 생각해 보자.

대부분의 사람들이 부자가 되기 위해 열심히 살아간다. 수많은 자기계발서에서는 부자들의 생각과 행동을 따라 하라는 내용이 나온다. 지금까지 풍수 컨설팅을 진행하면서, 이들 중 부자라고 부를 수 있는 의뢰인들의 사례만 해도 무수히 많다. 내가 만난 부자들의 경우, 풍수에 대한 긍정적인 인식 이전에 여러 견해에 대해서 넓은 이해와 열린 생각을 갖고 있다는 공통점을 가지고 있다. 반대로 부자와는 조금 거리가 먼 분들일수록, 보이는 것에 더욱 집착하고 눈앞에 보이지 않는 것은 쉽게 믿지 못하는 경향을 보였다.

세종대왕은 당시 풍수에 대해서 이런 말을 남겼다.

"풍수를 온전히 믿을 수는 없지만 옛사람이 사용했던 것이기에 참고는 할 수 있다."

그러니 이 글을 읽는 독자들도 풍수에 대해 조금 더 열린 마음으로 생각해 주기를 희망한다.

풍수 부자로 가는 길

청소는 나의 공간과 시간을 사용해 운을 축적하는 것이다. 습하고 어둡고 먼지가 가득한 곳에서 나오는 나쁜 기운을 막는 행위라고 생각하면 좋다. 쌓이는 먼지를 없애면서 쾌적함뿐만 아니라 평온함까지 얻을 수 있다.

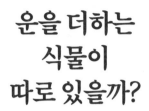

운을 더하는
식물이
따로 있을까?

많은 사람들이 관심을 갖는 키워드 중 하나는 '식물 풍수'일 것이다. 집 안에 어떤 식물을 두면 좋은지, 어떤 식물이 해로운지 등 재물운에 버금갈 만큼 식물 풍수에 관심이 많다. 그렇다면 정말 식물은 재물운과 관련이 있을까? 혹은 부잣집에만 있는 식물이 따로 있을까?

결론부터 말하자면, 집 안에 두는 식물과 관련해서는 특별한 것이 없다. 조금 김이 새겠지만 사실이다. 옛날부터 부잣집에는 마당이 있는 경우가 많으니 화분도 화분이지만 마당

에 어떤 나무를 심어야 하는지 그리고 조경을 어떻게 할지에
더 관심을 갖는 편이었다. 부자들의 나무에 대한 관심과 애정
은 하루 이틀 일이 아니며, 오랜 역사를 가지고 있다. 친구 집
에 갈 때 와인이나 먹을 것을 사가는 문화와 유사하게, 옛날
선비들은 주변의 선비들과 교류하기 위해서 희귀한 분재를
들고 가 선물하곤 했다.

풍수에서
식물이 의미하는 것

전통적인 의미를 떠나서 식물에 대한 실질적인 효용은 없
을까? 물론 식물은 현실적인 공기 정화뿐만 아니라 집 안의
생기를 돋게 만들고 적절한 방향에 배치할 때에는 풍수적인
비보로 작용할 수 있다. 전통적으로 궁궐이나 대사찰 그리고
마을 차원의 비보풍수에서는 인공적인 석물도 많이 활용하였
지만, 나무를 활용하는 경우도 많았다.

나무를 적절히 잘 활용하면 흉한 것이 시야에 들어오지 않
게 막는 작용을 할 수 있고, 불 기운을 잠재울 수 있으며, 흉
한 바람을 막는 역할을 할 수 있다. 현대 풍수의 사례에서도

실제로 많이 활용되고 있는 방법이기도 하다.

우리가 좋은 공간을 찾고 명당을 찾는 이유는 기운을 받기 위함이다. 한 공간의 기운은 크게 천기天氣와 지기地氣로 나눌 수 있다. 천기는 쉽게 생각해서 대기 혹은 하늘에서 내려오거나 내가 거주하는 공간에 머무는 기운을 말한다. 지기는 땅에서 올라오는 기운이다. 천기와 지기가 잘 어우러지고 잘 모이는 공간이 바로 명당이다.

현대인의 주거 공간, 특히 우리나라에서는 거의 대부분의 사람들이 공동 주택에 거주하고 있다. 땅에서 멀어지고 위로 올라가면서 천기를 지켜 주는 주변이 없으니, 기운을 받으면서 살기가 어려워졌다. 풍수적인 관점으로 세상을 바라본다면, 예전과는 다른 황당한 사건 사고가 많다거나 혹은 예전보다 희귀한 병치레가 많은 것도 그러한 주거 형태의 변화에서 원인을 찾을 수 있다.

사람이라는 동물이 땅에서 멀어지다 보니, 땅과 자연과 함께하고자 식물을 본능적으로 찾는 것은 아닐까? 식물은 목木의 기운이기도 하지만, 화분의 형태는 흙을 머금고 있으니 토土의 기운도 함께 갖는다. 그래서 현대 풍수의 새로운 비방법 중 하나가, 고층으로 올라갈수록 자연의 기운과 흙의 기운을 채울 수 있는 화분을 두는 것이다.

집에 두면 좋은 식물
집에 두면 안 되는 식물

조금 다른 이야기를 하나 덧붙이고 본격적인 식물 이야기로 넘어가고자 한다. 풍수가 대중적으로 가벼이 받아들여지는 이유 중 하나는 '그냥 뭐가 좋다더라' 하는 결과적이고 단순한 지식만 전달되고 있기 때문이다. 또한 비전문가가 만들어낸 영상과 글이 점점 더 많아지고 있는 추세다. 하지만 "돈나무를 두면 재물운이 좋아진다"라는 말을 맹목적으로 믿지 말고, 그게 무슨 이유 때문인지를 한번쯤 생각해 봐야 한다.

물론 풍수를 연구하고 가르치는 입장에서 봤을 때도 모든 것이 명확히 설명되지는 않는다. 그럼에도 제법 많은 부분에 있어서 역사적인 연원과 운적인 의미를 발견할 수 있다. 나는 어떤 특정한 주제를 공부할 때 최대한 역사적인 연원을 찾으려고 하는 편이다. 풍수 인테리어를 접할 때 그리고 앞으로 식물에 대한 이야기를 들을 때에도 '카더라'로 알게 된 정보는 비판적인 자세를 유지하는 것이 좋다.

다시 본 이야기로 들어오자면, 우리는 옛날부터 식물에 많은 의미를 부여했다. 17세기에 꽃나무의 매력에 푹 빠진 선비가 한평생 꽃나무를 연구하면서 저술한 《화암수록》을 보면

식물을 9등급으로 나눴다. 이러한 역사적 저술을 바탕으로
했을 때 재물을 대표하는 꽃 중 하나가 바로 '모란'이다.

모란의 다른 이름 중 하나는, '화중왕'이다. 꽃 중의 왕으로,
풍성한 꽃잎들이 켜켜이 쌓이는 재물을 의미한다고 보고, 실
제로 심는 것과 더불어 많은 세화와 민화에서 모란이 등장한
다. 만약 재물운을 상징하는 식물을 하나 두고자 한다면, 모
란을 가장 추천한다. 꽃 그림을 걸고자 할 때에도 역시나 역
사적인 의미를 갖고 있는 모란이 그려진 것을 권한다.

세부적인 품종을 떠나서 죽은 식물 그리고 독성을 갖고 있
는 식물은 집 안에 두면 좋지 않다. 특히 식물이 죽었을 때에
는 가급적 바로바로 처리하기를 권한다. 컨설팅 현장을 가 보
면 생각보다 죽은 식물을 방치하고 있는 경우가 꽤 많다. 산
사람이 머무는 양택陽宅이라는 공간에는 생기가 있어야 하니,
죽음과 관련된 것은 최대한 치우도록 하자.

역사 속에서 찾을 수 있는
식물과 풍수

조선 후기의 위대한 사상가인 다산 정약용 선생은 풍수에

대해서 상당히 비판적인 입장을 유지한 인물 중 하나다. 그렇지만 당시 풍수에 대한 잘못된 믿음으로 산송이 일어나는 것을 비판한 것이지 풍수에 담긴 자연에 대한 사상, 입지에 대한 판단을 근본적으로 부인하지는 못했을 것이다.

정약용 선생이 저술한 《제황상유인첩》에서 이러한 이유를 찾을 수 있다. 《제황상유인첩》이란 '의원기意園記'에 속한다. 여기서 '의원'은 병원이 아니다. 의식 속에 있는 정원, 즉 현실 세계가 아닌 가상 세계 속에서 펼쳐놓은 상상의 정원을 의미한다.* 책의 본문을 보면, 풍수를 부정하는 정약용 선생이라고 해도 머릿속 지상 낙원의 형태를 그리며 배산임수 입지에 정남향의 주거지를 설정하고 있다. 현대인도 마찬가지다. 풍수를 부정하면서도 집값이 오를 곳과 쾌적한 공간을 찾고 싶어 한다.

식물과 관련한 고서 《양화소록》에는 재밌으면서도 의미 있는 구절이 하나 나온다. 식물을 키우려면 제대로 키우지, 아무렇게나 던져둘 것 같으면 키우지 말라는 내용이다. 나 역시나 동감하며, 의뢰인들에게 식물을 무조건적으로 권하지 않는다. 유독 생기가 느껴지지 않는 집일 경우에는 식물을 두라고 하지만, 집을 제대로 관리하지 못하는 이에게 식물은 또 다른 쓰레기를 만들어 낼 뿐이다. 식물을 통해서 자연의 기운

과 생기를 우리 집 안에 불어넣도록 하는 것, 그것이 우선시
되어야 함을 강조하고 싶다.

풍수 부자로 가는 길

집에 두면 좋은 식물, 좋지 않은 식물은 따로 정해져 있지 않다. 가장 중요
한 점은 죽은 식물을 집 안에 두지 않는 것이다. 아무리 비싸고 좋은 식물
을 둔다고 해도, 제대로 관리하지 못한다면 오히려 나쁜 기운을 불러일으
키기 때문이다.

집에
들어온 운을
지키는 법

부잣집을 다녀보고 직접 부자들을 만나면서 느낀 것이 있다. 그분들이 하나 같이 하는 고민은 바로 자산을 지키는 일이다. 회사를 매각하고 수천억대의 자산가로 자유로운 삶을 살고 계신 한 대표님의 가장 큰 고민은 '돈을 어떻게 지킬 것인가'였다. 또한 경남 지역에 살고 계신 대표님이 집을 옮기고자 하는 이유는 세금 때문이었다. 절세를 통해서, 가지고 있는 자산의 포트폴리오를 새롭게 구성하기 위해서 현재의 집을 매각하고 새로운 집을 찾고자 했고, 운을 쌓을 수 있는

'운테크'를 위해 풍수적으로 좋은 집을 선택하고 싶어 했다.

돈뿐만 아니라
운도 지키는 것이 중요하다

부자가 되려면, 일단 돈을 모아야 한다. 그러니 대부분의 사람들이 당연하게도 돈을 버는 일에만 집중한다. 하지만 돈이 모이고 자산이 쌓이고 나면 마냥 버는 것만이 다가 아님을 알게 된다. 언젠간 내가 손에 쥔 것을 어떻게 지키고 활용하는가를 고민하는 순간이 온다. 물론 돈이 어느 정도 모여야 어떻게 지킬지를 고민하는 것이 순서인 듯하지만, 실상 그렇지 않다. 벌기 위한 공부와 쓰기 위한 공부 그리고 지키는 연습이 함께 이뤄져야 한다.

많은 사람들이 잘못 생각하는 인지 오류 중 하나는 부자들은 '가만히' 있는 줄 안다는 것이다. 나의 경우에도 돈을 그렇게 잘 벌면서 왜 그렇게 영상을 올리며 매일 구걸하냐는 질문을 받는다. 하지만 그 어떤 재벌가의 총수라고 해도 그냥 놀고 먹는 사람은 거의 없다. 자신이 쌓아놓은 것을 지키는 것이 아니라 빼먹는 삶을 살고 있는 부자의 삶은 베짱이의 삶과 같다. 망해 가고 있는 베짱이의 여유일 뿐이다.

세계적인 부자인 빌게이츠도 계속해서 SNS 활동을 꾸준히 하고, 삼성의 이재용 회장도 시장을 다니며 많은 사람들에게 친근하게 다가가는 활동을 이어 간다. 그러니 부자들이라고 함은, 보통의 사람들보다 돈을 지키고자 하는 노력과 돈을 버는 노력, 둘 다 열심히 하는 사람이라고 말할 수 있다.

이번에는 운적인 측면에서 돈을 들여다보자. 보통의 사람들은 돈과 마찬가지로 좋은 운이 들어오는 것에만 집중한다. 풍수를 연구하고 컨설팅하면서 느낀 점은, 운도 모으는 것보다 빠져나가지 않도록 하는 게 더 중요하다는 것이다.

예를 들어 집의 풍수적인 구조에 있어서 대문의 방향이 그집의 운 50퍼센트 이상을 좌우한다. 만약 대문의 배치가 적합한 구조로 된 집이어서 100퍼센트의 운이 모두 들어온다고 치자. 하지만 다른 공간의 배치, 예를 들어서 화장실이나 주방 등이 재물을 녹아내리게 만드는 위치에 있다면 들어온 만큼 다 빠져나간다. 결국 1억을 벌어도 1억이 나가는 집은, 100만원만 벌고 0원도 빠져나가지 않는 집보다 못하다.

많은 의뢰인들이 돈을 벌어도 나가는 것이 훨씬 많다고 말한다. 그 이유는 바로 들어오는 운보다 빠져나가는 운이 많은 집에 살고 있기 때문이다. 운이 들어왔을 때 지킬 줄 아는 것이 정말로 중요하다.

재물운에 초점을 맞추다 보면, 많은 사람들이 돈 자체에만 집중한다. 보통 돈이 제발로 들어온다고 착각하는데, 돈은 다른 것의 등에 업혀서 들어온다. 예를 들어서 우리 집에 돈이 들어올 일이 생긴다고 해 보자. 사업이 잘 된다든지, 승진을 해서 급여가 올라간다든지 등의 일이 있을 것이다. 즉, 좋은 일이 생길 때 돈이 함께 들어온다. 반대로 돈이 빠져나가는 일이 있다고 할 때에도 마찬가지다. 돈이 나가는 일이 생겼다고 함은, 보통 뜻하지 않은 사건, 사고 등이 생긴 것이다.

따라서 돈을 잘 챙기고자 한다면, 운을 모을 줄 알아야 한다. 그리고 빠져나가는 운에 더 집중을 할 줄 알아야 진정한 운의 고수이자 돈의 고수로서, 오랜 부를 유지할 수 있다.

대문에 엄나무를 심고
소금단지를 두는 이유

풍수에 있어서도 우리 선조들은 가정집 대문에 엄나무를 심었고, 초가집의 경우에는 엄나무 가지를 잘라서 방 문 앞에 걸어 두었다. 큰 사찰이나 관공서는 매년 소금단지를 묻어서 액운을 막고자 하였다. 분명 선조들은 운이 들어오는 것보다 액운을 막는 것이 더 중요하다는 사실을 이미 알고 있었던 것이다.

엄나무는 액운을 막기 위한 전통적인 식물 풍수 인테리어 방법 중 하나라고 볼 수 있다. 뾰족한 가시의 굵기가 엄청나다. 그래서 엄나무가 집 밖에 있는 액운이 함부로 집 안에 들어오지 못하도록 하는 역할을 해 준다고 믿어 왔다.

소금은 농경사회에서 불을 막기 위한 중요한 상징이었다. 24절기를 기준으로 1년을 봤을 때, 양기가 가장 강한 날은 '단오날'이다. 옛날 사람들은 단오의 강한 양기가 화재를 일으킬 위험을 높인다고 생각하였고, 강한 양기를 억누르기 위해서 바닷물의 기운을 담고 있는 소금을 땅에 묻어서 화의 기운을 억누르고자 하였다.

지금도 매년 단오날이면 소금단지 묻기 행사를 하는 모습을 쉽게 볼 수 있다. 그리고 이러한 단오의 풍습이 담긴 '강릉단오제'는, 세계무형문화유산으로 유네스코에도 등재되었다.

황당하게 들릴 수 있지만, 이 세상의 모든 물질들은 오행의 원리에서 비롯된다. 목木, 화火, 토土, 금金, 수水의 다섯 가지가 순환하면서 서로를 돕기도 하고 서로를 해하기도 한다. 불은 나무를 통해서 살아나지만, 물을 통해서 사라지기도 한다. 그래서 산의 정상에 불을 억누르기 위해서 바닷물을 의미하는 소금이나 간수를 묻거나 붓는 것이다.

나의 수중에 들어오는 돈은 수면 위에 올라온 작은 암초 정도에 불과하다. 돈이 수면 위로 올라오기까지는 수면 아래에 있는 수많은 운적 작용들이 일어나야 한다. 그래야 돈이 움직이기 시작한다. 진정한 부자가 되고자 한다면, 운을 오래도록 유지할 줄 아는 법, 집 안에 들어온 운을 빠져나가지 않도록 하는 것이 중요하다는 사실을 다시 한번 기억하자.

풍수 부자로 가는 길

현관 앞에 두는 소금단지는, 풍수의 전통을 계승하는 우리나라 고유의 현대 풍수 인테리어 소품 중 하나다. 만약 집 안에 어떤 풍수 소품을 두고자 한다면, 의미를 알 수 없는 조형물보다는 깨끗한 소금을 채운 소금 단지를 현관 근처에 두자. 신발장 안이라도 좋고, 뚜껑을 열어 둬도 괜찮다. 세부적인 형식보다는 우리 집 안에 액운이 들어오지 않기를 빌며, 정성을 다하는 마음을 더하는 것이 더 중요하다.

명당에 살면
다 부자가
될까?

풍수의 옛 고전인 《금낭경》에는 이런 구절이 있다.

장자승생기야 葬者乘生氣也

장사를 지낸다는 것은 생기를 받게 하는 것이다

풍수를 활용해 잘 살고자 하는 요체는 좋은 곳의 기운을 받아서 산 사람이 잘되고자 하는 속인들의 욕심이 일차적이었을 것이다. 그런 의미에서 '장자승생기야'는, 죽은 이를 좋은 곳에 묻어서 기운을 타게 해야 좋은 에너지가 발산되고 그것이 자손에게 미친다는 대전제를 담고 있다.

내가 지금껏 부자들의 풍수 컨설팅을 하면서 그들이 일순위로 원하는 것이 무엇인지를 짐작해 보면, '안정성'이었다. 다른 말로 바꾸면 불확실성을 낮추는 것을 의미한다. 그 점을 가장 중요시했기에 불확실한 사고를 당할 수 있는 확률을 낮추고자 좋은 집과 좋은 조상님의 공간을 찾으려 했던 것이다.

내가 여기서 '확률'이라는 단어를 썼다는 것에 주목했으면 좋겠다. 확률, 말 그대로 확정이 아닌 확률이다. 잘될 수 있는 확률을 높이는 것이자 나빠질 수 있는 확률을 줄이는 것 이다. 그런 의미에서 명당에 살면 모든 사람이 잘된다거나 성공한다고 확정해서는 안 된다.

여러 풍수서를 보다 보면 대체적으로 일치하는 부분이 있다. 책 마지막 부분에는 항상 인성을 강조한다. 어떤 고전을 들여다봐도, 언제나 땅과 사람의 성품에 대한 이야기가 혼재되어 전체적인 내용이 흘러간다. 《탁옥부》에서는, "사람에게 근본이 없으면 악인이 나오고 산에 근원이 없으면 좋은 맥을 내지 못한다"라고 하였고,* 심지어 플라톤도 장소적 영향이 인간의 선악에도 영향을 미친다고 하였다.**

악한 마음으로는
좋은 땅을 찾을 수 없다

우리나라에서 풍수학의 대가라고 한다면 '격암 남사고 선생'을 빼놓을 수가 없다. 《조선왕조실록》에도 여러 번 이름이 올라갈 만큼, 천문지리에 달통한 인물 중 하나다. 격암 남사고 선생은 당시 과거에 여러 번 응시했지만, 번번이 낙방했다. 그러자 주변 사람이 "세상이 돌아가는 이치를 그렇게 잘 알면서 왜 자신의 미래는 알지 못하는가?"라고 물었다. 그러자 남사고 선생은 "욕심이 눈을 가리면 미래를 볼 수 없는 것"이라고 답했다.

자연의 이치를 달통한 이도 욕심 때문에 자신의 미래를 보지 못한다는 내용은 우리에게 시사하는 바가 크다. 터를 바라보는 관점에 있어서 욕심도 욕심이지만, 그보다 더 좋지 못한 것은 악한 마음이다. 악한 마음으로 살아가는 이에게는 좋은 땅이 허락되기 어려운 법이다.

자연의 원리와 인간사의 권선징악을 결부하는 것이 억지스럽다고 느낄지도 모른다. 하지만 어릴 적부터 들어 온 풍수 컨설팅을 받은 사람들의 이야기 그리고 악한 이들의 삶이 결국에는 비극으로 끝난 것을 보면, 명당에 사는 것만으로 모든 이들이 잘된다고 쉽게 단정하기 어렵다.

홍선대원군은 당시 부친인 남연군의 묘를 이장하고 이후에 아들을 왕으로 만들었다. 하지만 아들이 왕에 오를 수 있도록 한 그 명당은, '이대천자지지二代天子之地'라고 하여 2대에 걸쳐서 왕이 나오는 자리였다. 본래 그 자리는 오랜 사찰이 있었던 자리였는데, 홍선대원군은 자신의 뜻을 실현하기 위해서 사찰을 불태웠다.*

지금도 남연군의 묘는, 풍수의 표준이라고 할 수 있을 만큼 명당의 요소를 고루 갖춘 자리다. 높은 언덕 위에 자리 잡고 있으며 뒤에는 산이 펼쳐져 있다. 하지만 자연의 순리보다 자

▲ 풍수적으로 좋은 위치에 있는 남연군 묘

신의 욕심을 앞세웠기 때문인지는 몰라도, 2대에 걸쳐서 왕이 나오기는 했지만 2대를 넘기지 못하고 사실상 절손하게 되었다. 그렇게 한 집안은 끝이 났고, 한 국가도 끝이 났다.

나의 회사의 슬로건 중 하나이자 유튜브 영상에서 항상 마지막에 덧붙이는 문장이 있다.

"당신은 명당이 어울리는 사람입니다."

땅과 사람은 연결되어 있다. 좋은 땅은 좋은 사람과 이어지며, 좋은 사람이 아니라면 좋은 땅이 그 사람을 밀어내게 되어 있다. 그렇다면 내가 지금 머물고 있는 공간을 넘어서 좋은 사람이 되고자 하는 것이 선행되어야 한다. 좋은 사람이 되고자 할 때, 가장 먼저 할 수 있는 행동이 지금 내가 머문 공간을 돌아보는 일이다. 그렇게 나의 공간이 어떠한지 알고, 나의 공간을 조금이라도 청결히 하려 애쓰다 보면, 내가 머무는 공간에서 조금이나마 더 좋은 기운을 받을 수 있다.

단, 한 가지 주의해야 할 점은, 내 마음만 착하면 내가 머무는 모든 곳이 명당이 된다는 생각은 버려야 한다. 교감의 차원에서 좋은 사람이 되어야 한다는 것이지, 내가 좋은 사람이 된다고 땅도 무조건 좋게 만들 수 있다는 생각은 큰 착각이다. 단순히 집을 청결히 하는 것을 넘어, 땅의 기운을 사람의 생각만으로 바꾼다는 것이야말로 진정한 미신이자 요행을 바라는 일이다.

풍수 부자로 가는 길

풍수 강의를 할 때, 항상 강의 서두에서 자신의 공간을 돌아보라는 과제를 내곤 한다. 주변도 볼 줄 알아야 하지만, 일단 내가 위치한 터가 잘 되어 있는지 알아야 한다. 삶도 마찬가지다. 여러 의미에서 집에 대한 서사와 그 안을 채우고 있는 물건들을 하나하나 살펴보면 저절로 집에 대한 애정이 생기고, 그때부터 집이 전해 주는 운을 제대로 받을 자격이 생긴다.

로또
명당은
따로 있다?

2023년 초 한 텔레비전 프로그램에서 연락이 왔다. 서울 지역에 있는 로또 명당이 진짜 풍수적으로도 명당인지를 확인하고자 자문을 요청하였다. 급히 연락을 받은 것이라 많은 곳을 돌아보기는 어려웠고, 전국에서 1등으로 알려진 노원에 있는 로또 명당을 찾아갔다. 개인적으로 대학 다닐 때 한 번가 봤던 곳이다. 그때는 대학 동기와 심심풀이로 로또를 사러 갔었다. 당연히 당첨은 되지 않았다.

날이 추워서인지 밖에 줄이 길지는 않았지만, 가게 안은 여전히 사람이 많았다. 담당 피디님께서도 편하게 가게 내부와 외부를 돌아보고 이야기를 해 달라고 하셨다.

터와 구조가
모두 중요한 이유

우리가 살거나 운영하는 공간은 크게 두 가지 요소로 보면 된다. 첫 번째는 '터(입지)', 두 번째는 '구조'다. 터와 구조가 모두 좋아야 진정으로 좋은 곳이라고 할 수 있다. 만약 터와 입지는 좋은데, 구조가 풍수적으로 좋지 않은 곳이라면 좋지 않은 곳이다. 좋지 않은 곳은, 그곳에 사는 사람에게 좋은 기운을 전해 줄 확률이 낮다는 의미다.

반대도 마찬가지다. 아무리 구조적으로 좋고 '양택삼요陽宅三要'와 가족 방이 잘 배치되고 기타 공간들이 잘 구성되었다고 해도 근본적인 땅의 기운과 입지가 좋지 않다면 좋은 공간이라고 할 수 없다. 양택삼요는, 사람이 살아가는 공간인 양택의 구조에서 주된 공간인 현관(대문), 안방, 주방을 말한다. 이 세 곳이 전통적인 풍수 이론에 의해서 적절하게 잘 배치될 때, 그 집은 구조적으로 좋은 집이라고 할 수 있다. 일반적으로 입지의 판단은 현장에서 보이는 주변의 건물들과 자연 풍경을 통해서 이루어진다. 물론 그 이외에도 현장에서 느낄 수 있는 특유의 공간적 기운도 중요하지만, 이것은 주관적이기도 하기 때문에 길게 서술하지는 않겠다.

여기서 한 가지 논외의 이야기를 하자면, 지도를 통해서 풍수를 알아보고자 하는 사람들이 참 많다. 결론부터 말하자면 지도로 풍수를 보는 것은 불가능하다.

현실에서 집을 찾을 때에도 발품을 팔아서 최종 결정을 한다. 그런데 눈에 보이지 않는 기운에 대한 이야기를 하는 풍수를 지도로 볼 수 있다고 한다면, 그것이 오히려 요행이자 사기이지 않을까 생각한다. 나 역시나 지도를 통해서 쉽게 확인하고 싶지만, 그것은 불가능한 일이기 때문에 지금도 직접 의뢰인의 공간을 밟고 컨설팅을 진행한다.

복권 판매점이
로또 명당이 된 이유

로또 명당으로 돌아와서 그곳을 직접 밟아 보니 땅 자체가 괜찮았고, 주변의 건물 배치도 나쁘지 않은 편이었다. 전통적으로 '산서山書'라고 칭할 만큼 풍수 서적은 산에 대한 이야기가 많다. 묘와 관련한 이야기가 대부분이기 때문이다. 하지만 풍수 자체를 묘에 치중된 학문으로 폄하할 수는 없다. 음택지와 양택지의 선정에 어느 정도 차이는 있으나, 주변 입지를 해석하는 것에는 큰 차이가 없다. 그렇게 봤을 때 현대 건축물도 산에 대한 풀이를 적용하여 해석하는 것이 가능하다.

예를 들면 나의 가게가 위치한 상가 건물은 2층인데 바로 양옆에 1미터 거리로 10층 건물이 올라가 있다고 해 보자. 내가 있는 건물은 양옆 건물로 인해 압박을 받고, 두 건물이 우뚝 서 있으니 건물 사이에 골바람이 치게 된다. 명당이 명당인 이유는, 기운이 모여 있기 때문이다. 그 기운은 바람으로 쉽게 흩어지는 특성이 있다. 그래서 풍수가 '장풍득수藏風得水'에서 시작되는 것이다. 바람을 막고 물을 얻는 것이 풍수의 근본 가치 중 하나다.

나의 건물과 비교했을 때 조화로운 정도의 높이와 크기의 건물이 양옆에 있는 것이 가장 좋다. 수치화하긴 어렵지만, 사람과 사람 사이에서 적당한 거리일 때 안정감이 느껴지는 것과 같은 이치다. 또한 나의 가게가 있는 땅이 평평하며 작은 경사를 갖고 아래로 흘러가고 있다면, 명당터의 일반적인 요소를 갖춘 곳이다. 노원의 로또 명당터가 그런 곳이었다.

내부 구조를 살펴보니 가장 중요한 문의 위치가 좋지 않았다. 모든 공간에서 입구는 운의 통로이기 때문에 중요하게 판단한다. 운이 들어오는 시작점이 잘 되어 있어야 하는데, 보통 좋은 방향을 '생방生方'이라고 한다. 문이 생방으로 나 있다면, 그 공간으로 들어오는 사람들이 공간의 기운을 생성시키는 좋은 운을 가지고 들어온다고 보면 된다. 만약 생방이 아닌 '흉방凶方'에 있다면 공간에 좋은 운이 들어올 확률이 줄고, 그 공간으로 들어오는 사람이 공간에 좋지 않은 기운을 가지고 들어올 확률이 높아진다.

그런데 신기한 것은 손님이 많이 오다 보니 가게 문 밖으로 줄을 설 수 있도록 설치한 경계봉 덕분에 손님이 줄을 서는 방향이 흉방에서 생방으로 변했다는 점이다. 운이 좋으려니 이런 일이 벌어지는 것일까? 그곳에 1등 당첨의 꿈을 안고 오는 사람들 덕분에, 오히려 그 가게가 대박이 날 수 있는 구조를 갖추게 되었다. 결론적으로 보자면, 노원의 로또 명당은 엄청난 명당터라고 할 수는 없지만, 어느 정도는 땅의 힘을 받을 수 있는 공간이었다.

명당터에 간다고 해서 모두 부자가 되지는 않는다. 하지만 사람이 잘되고자 한다면, 기본적으로 땅의 도움이 있어야 한

▲ 로또 명당 주변에 있는 아파트가 로또 명당을 지켜 주는 역할을 한다.

▲ 경계봉 덕분에 입구의 방향이 흉방에서 생방으로 바뀌었다.

다. 학군이 좋은 곳으로 이사했다고 자녀의 성적이 갑자기 올라가지는 않는다. 하지만 주변에 있는 친구들이 공부를 성실히 한다면, 자연스레 자녀가 이전에 살던 곳에서보다 공부를 잘할 확률이 높아지는 것과 같다.

경영을 잘할 줄 아는 사람 그리고 좋은 마음으로 살아가는 사람이라면 좋은 곳과 인연이 될 확률이 높고, 그렇게 인연이 될 때 결실을 이루어 여러 좋은 일들이 일어난다. 좋지 않은 터에서 대박을 꿈꾸거나 좋은 삶을 살기 어렵다는 것을 지금껏 컨설팅을 해 온 경험으로 알게 되었다. 우리가 생각해야 할 것은 나의 성공을 위해서 좋은 땅을 찾고, 땅의 기운을 받을 수 있도록 신경 써야 한다는 점이다.

풍수 부자로 가는 길

만약 내가 살고 있는 동네가 전반적으로 좋은 동네가 아니라고 해서 당장 이사 갈 필요는 없다. 주변 사람들보다 더 현실적으로 잘 살고 싶은 마음이 있고 노력한다면 저절로 좋은 곳으로 갈 운이 트인다. 반대로 내가 살고 있는 동네가 좋은 곳이라고 해도, 그곳에서 안하무인처럼 살면 운은 이미 떠날 준비를 하고 있다. 귀신보다 더 무서운 것이 운의 눈이다.

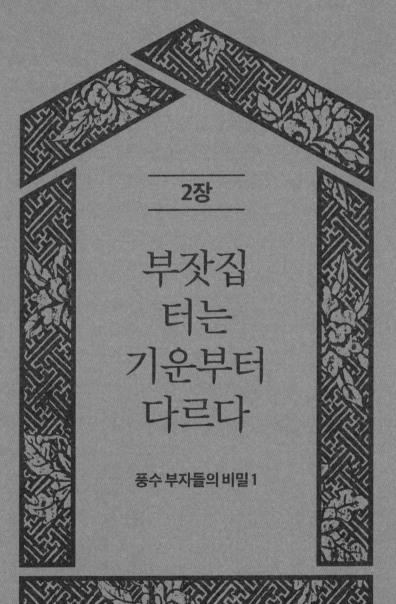

2장

부잣집
터는
기운부터
다르다

풍수 부자들의 비밀 1

터 위에서
사람도 나고
부자도 난다

여기까지 책을 읽은 독자라면, 이제 풍수의 매력과 부자로 살기 위해 필요한 운에 대해서 어느 정도는 체감했으리라 생각한다. 이번에는 본격적으로 풍수와 운에 대한 내용을 머릿속에서 구조화시키고, 뒤에 이어질 내용들이 잘 이해될 수 있도록 돕고자 한다.

풍수적으로 좋은 공간에서 우리가 잘 살 수 있는 이유는 그곳에 있는 기운 때문이라는 것을 앞에서 설명했다. 여기에서 '터'가 아니라 '공간'이라는 단어를 사용했다는 사실에 주목하

자. 터는 평면적인 의미이며, 공간은 입체적인 의미다. 터는 우리가 밟고 있는 땅, 즉 지표면으로서 의미이지만, 공간은 터 위에 있는 주변 지형, 지형 안에 모여 있는 기운, 그 속에서 머무는 사람 등 모든 개념을 포섭한다.

터가 의미 없다는 뜻이 아니다. 공간을 이루는 요소는 '터'에서 시작된다. 그 다음으로 기운을 모아 주는 '구조'와 '지형'이 존재한다. 그리고 자연의 구성과 인위적인 구성 사이에서, 모든 운적인 작용을 직접 받기도 하고 만들어 내기도 하는 '사람'이 들어가면서 풍수적 공간의 개념이 모두 완성된다. 눈에 보이지 않지만 우리에게 산소가 꼭 필요한 것처럼, 풍수적 공간을 산소처럼 채우는 것이 바로 '운'이다.

이런 풍수적 공간관을 제대로 알아야, 풍수가 미신이 아니라는 것을 어느 정도 이해할 수 있는 기초가 다져지고, 자연을 활용하는 풍수의 기본 개념을 이해할 수 있다.

기운은 땅에서 시작된다

공간에 대한 개념을 '천지인天地人'으로 구분하면 더 쉽게 구조화할 수 있다. 땅에서 올라오는 기운을 '지기地氣', 하늘에 머무는 기운을 '천기天氣', 사람이 내뿜는 기운 혹은 사람 그 자체를 '인기人氣'로 보면 된다. 이 세 가지가 모여서 나름의 운적인 작용을 한다.

우선 땅에서 올라오는 기운에 대해서 생각해 보자. 땅에서 올라오는 기운이라고 하면 어색하게 들리지만, 농사짓기 좋은 땅이 따로 있고, 어떤 공간에 갔을 때 기운이 좋다고 느낄 때가 있다. 특히 땅에서 올라오는 농작물은 땅의 기운을 머금고 올라온다. 일반적으로 제철에 나오는 농작물은 제철 기운을 머금고 올라오는 것이기에 우리 몸에 좋은 작용을 하고, 세부적으로는 땅의 비옥함에 따라서 그 위에서 나는 농작물의 작황이 달라진다.

사람도 농작물 혹은 땅에 심어진 풀 한 포기, 나무 한 그루와 다를 것 없다. 풍수의 관점을 이해하고 삶에 접목시키다 보면, 길 위에 있는 나무 한 그루마저도 대단하게 느껴지는 순간이 찾아온다. 사람의 뜻대로 나뭇가지를 자르기도 하고 없애버릴 수도 있어서 우리가 대단한 것처럼 느끼지만, 사실 인간이라고 해도 크게 다를 바 없다. 길을 지나가다가 어떤 사고를 마주할지 모르며, 언제 사라질지 모른다. 나무는 그 어떤 모진 비바람에도 수십 년 혹은 수백 년을 한 자리에서

버티고 그곳을 지켜 내지만, 우리는 이리저리 돌아다니며 겨우 100년도 채우지 못하고 떠날 뿐이다. 인간 존재의 우월성이라는 관념을 어느 정도 걷어 내면, 주변 모든 것들이 당연하지 않음을 이해하고, 여기서부터 내가 가진 것을 돌아보면서 감사한 마음이 솟아난다.

우리가 음과 양을 '음양陰陽'이라고 표현하는 것에서 보면 알수 있듯이 음을 의미하는 땅이 먼저 생겨난다. 사람의 존재도 어머니의 양수水에서 시작되는 것처럼, 땅도 음기가 응결되어 만들어진 형상이다. 땅을 딛고 힘차게 뻗어 올라가 하늘이라는 개념이 만들어지고, 그 사이를 채우는 요소들에 대한 의미가 만들어진다. 이것은 동양 철학의 관점이기도 하지만, 동양과 서양을 구분 짓기 이전에 이미 이 세상을 구성하는 기본요소에 대한 이해다.

자연을 이해하고 활용하는 학문

여기서 잠시 과학과 풍수에 대한 이야기를 언급해 보자면, 요즘 양자역학에 대한 이해와 관심이 높아지고 있다. 물질계의 신비로운 현상을 풀어내고, 이를 또한 풍수학에서 인용하기도 한다. 아마 과학의 관점에서 봤을 때, 미신의 한 자락이 과학의 신비로운 현상과 위대한 증명의 업적을 차용한다고 볼 수 있을 것이다. 과학의 업적은 위대하다. 나는 과학을 잘 모르지만, 과학적 사고관 덕분에 우리가 누리는 모든 기술들이 생겨났다는 사실을 충분히 인지하고 있다.

하지만 과학의 대전제는 곧 자연이다. 자연의 틀을 벗어난 과학은 있을 수 없으며, 자연의 법칙에 대한 이해가 이미 서구 철학의 발달 이전부터 삶에 적용되어 왔다. 그중 가장 대표적인 것이 바로 풍수지리다. 풍수지리는 자연을 이해하고 그것을 우리 삶에 적용하고 활용하는 학문이다. 그래서 풍수지리적 사고관을 잘 이해한다는 것은 이 세상의 모든 것들을 넓게 받아들일 수 있는 지혜가 있음을 의미한다.

외국어를 하나 체득하는 것은 세상을 바라보는 안경 하나를 얻는 것과 같다. 풍수적인 사고관을 머릿속에 집어넣고 사는 삶은 이전과는 다른 세상, 격이 높은 차원의 삶을 살아가는 것을 의미한다. 이러한 동양 철학적 사고관을 이해한 현대 과학의 선두 주자들은 절대 그 개념을 가벼이 하지 않았다. 아인슈타인이 그러했고, 노벨물리학상을 수상한 닐스 보어가 그러했다. 그들은 자연의 이치와 동양 철학의 요체를 담고 있는 주역을 항상 가까이 했으며, 닐스 보어는 주역의 괘가 그려진 의상을 입고 노벨물리학상 수상식에 참여하기도 했다.

이제 충분히 사고의 유연성을 확보했을 것이라는 생각이 든다. 열린 마음으로 다시 땅을 바라보고, 주변을 돌아보자.

사업가들은 도심의 한 블록만 걸어가도 여러 사업 아이템이 떠오른다고 한다. 운에 대한 관점을 이해하면, 나를 둘러싼 공간에 좋은 운이 둥둥 떠다니는 모습을 볼 수 있다. 운을 이해하고 풍수를 삶에 접목했을 때, 부자가 될 확률이 훨씬 더 높아진다. 반쪽짜리 눈으로 보던 세상을 이제 온전히 볼 수 있게 되었을 뿐이다. 그렇게 자연스럽게 부자의 길로 들어서게 된다.

풍수 부자로 가는 길

풍수적으로 땅은 음이다. 양의 존재인 사람이 땅을 밟을 때 더 잘 살 수 있는 이유는, 음양의 조화 덕분이다. 자주 땅을 밟고자 노력하는 것은 일차적으로 나의 건강을 지키는 일이며, 나아가 자연의 기운을 생성시키는 작용이기도 하다.

좋은 땅의
조건

이번에는 땅에 대한 이야기를 조금 더 해보고자 한다. 많은 사람들이 명당에 살기를 원한다. 그리고 어떻게 하면 명당을 찾을 수 있을지 고민한다. 다른 사람들을 명당으로 안내하고 또 연구하는 나의 입장에서도 땅은 항상 끊임없는 과제와 생각할 거리를 던져 준다.

부자가 될 터라고 하면, 땅의 생기를 받는 곳을 말한다. 생기生氣, 말 그대로 살아 있고 역동적인 기운이다. 그 기운은 자연의 흐름을 잘 이해한다면 쉽게 받아들일 수 있다. 나의 집을 우선 예로 들어보자. 내가 머무는 집 근처에는 일정한 토지가 확보되어 있을 것이다. 그 땅 위에 구조물이 지어졌고, 그 안에서 내가 살아간다. 풍수적으로 땅, 그 위에 지어진 집, 그 안에 사는 사람이 모두 중요하다고 볼 수 있다. 선후를 가린다는 표현이 맞을지는 모르나, 일단 땅이 순차적으로 우선시되어야 한다는 사실에 암묵적으로 동의할 수밖에 없다.

우리는 집을 지으려고 할 때, 집의 모양을 먼저 생각하지 않고 땅을 먼저 보고 그 땅에 맞는 집을 지으려고 한다. 부동산을 개발하는 사람들에게는 일정한 구역이 먼저 눈에 들어오고, 그 안에서 최대 수익을 얻을 수 있는 부동산 건축물을 구상하게 되는 것이다.

풍수적인 개념으로도 마찬가지다. 아무리 좋은 자재로 지은 집이라고 해도, 아무리 그 안에서 바르게 살아가는 사람이라고 해도, 기본적인 땅의 힘을 거스르는 것은 불가능에 가깝다. 역사 속 부자들은 땅의 중요성과 땅의 강렬한 기운 작용을 알고 있었기 때문에, 인간의 삶에 큰 영향을 미칠 수 있는 음택陰宅지 선정에 정성을 쏟았다. '인걸지령人傑地靈', 즉 걸출한 땅에서 훌륭한 사람이 나온다고 했다. 뛰어난 사람의 업적도 모두 땅에서 비롯된다는 것을 기억해야 한다.

흉한 곳을 피하고 싶다면
평지를 찾아라

명당, 말 그대로 밝은 마당을 뜻한다. 여기서 밝다는 것은, 시각적으로도 빛이 잘 드는 것뿐만 아니라 기운이 맑은 곳을 의미한다. 전문적인 풍수 컨설팅을 받기 어려울 때, 사람들에게 한 가지 알려 주는 비법이 있다. 어디가 좋은 집인지 쉽게 파악하기 어렵다면, 최대한 평지에 있는 곳을 고르면 비교적 흉지를 피할 확률이 높아진다.

땅의 기운은 산을 보고 시각적으로 파악할 수 있다. 땅은 음기가 형성되어 만들어진 것이고, 그것이 시각적으로 표출된 것이 땅이고 산이다. 산이 보이지 않는 도심에서 살고 있다고 해도, 산이 의미 없다고 생각해서는 안 된다. 여기에서 산은, 말 그대로의 산山인 것과 더불어 지형의 높낮이와 땅의 세부적인 해석을 모두 포함하는 개념이다.

《금낭경》에는 '지유길기地有吉氣'라는 말이 있다. 땅에 좋은 기운이 있다는 뜻인데, 그 기운은 흙을 통해서 발현되고, 산의 끝에서 펼쳐진 땅에서 물과 만나 머문다고 한다. 어렵게 생각할 것 없이, 우리가 마주하는 평지도 거슬러 올라가면 점점 더 높은 지대가 나온다. 그것은 낮은 야산일수도 있고, 큰 산일수도 있다. 설령 도심지라고 해도 조금 더 높은 땅이 있고 낮은 땅이 있다. 물이 위에서 아래로 흐르듯, 땅의 기운도 위에서 아래로 흐른다. 그래서 평지에서도 아주 미세한 땅의 높낮이 그리고 경사가 펼쳐진다.

　내가 머물 공간의 대문을 중심으로 봤을 때 아래가 약간 낮은 땅이 좋다. 이를 '전저후고前低後高'라고 표현한다. 보통 20도 이내의 경사를 가진 곳을 생각하면 된다. 만일 20도 이상일 때에는 기운이 머물기 어렵고 기운이 쉽게 흘러내리기 때문에 좋은 땅이라 할 수 없다.

　요즘은 모든 땅을 파내거나 혹은 성토하여 평평한 땅을 만들어 내니, 이것이 의미가 있을까 생각할 수 있다. 모든 건축 행위에는 어느 정도 인위적인 작업이 필요하다. 하지만 과할 정도로 지형을 파괴하는 것은 땅 속에 있는 기운을 해하는 것이기 때문에, 그 위에 아무리 반듯한 모양의 집을 짓는다고 해도 모래 위에 세운 누각과 같다. 그래서 가능한 한 처음부터 제대로 된 땅을 찾는 것이 가장 중요하다.

좋은 땅을 찾기 위한 공부는 끝이 없다. 하지만 쉽게 이해할 수 있는 딱 한 가지의 개념을 알려주고자 한다. 그것은 '등받이 의자의 법칙'이다. 내가 이름을 붙인 법칙인데, 이 의자의 개념을 이해한다면 집터에 대한 대부분의 풍수적 개념을 거의 익히는 것과 같다.

보통 우리는 카페 의자에 앉아 보고 자리가 불편한지, 시야가 답답한지 등을 판단한다. 이러한 과정을 땅에도 동일하게 적용하는 것이다. 내가 살 집이라는 관점을 대입하지 말고, 집에 들어갔을 때 편안함이 느껴지는지에 집중하자. 우리가 어떤 의자에 앉았을 때 편안함을 느끼는지는 굳이 상세하게 설명하지 않더라도 알 것이다. 편안한 곳에 앉았을 때 우리가 편안한 마음을 갖게 되는 것처럼, 집도 그렇다. 편안한 곳에 위치한 집에서 좋은 기운이 나오고 그곳에 사는 사람도 그 기운을 받아서 잘 살 수 있다.

풍수 부자로 가는 길

좋은 땅을 찾고 싶다면 어려운 이론을 공부하는 것보다 좋은 땅과 익숙해지는 것이 더 중요하다. 좋은 땅과 익숙해지는 법은 어렵지 않다. 전국에 명당이라고 알려져 있는 고택과 사찰 및 유적지 등을 찾아다니다 보면 나도 모르게 그 공간의 기운에 익숙해지고, 또 그 공간의 기운에 젖어들면서 좋은 곳과 인연이 될 확률이 높아진다.

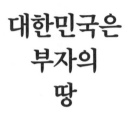

대한민국은
부자의
땅

　제아무리 뛰어난 화가라고 해도 그림 그릴 종이나 캔버스가 없다면, 걸작을 만들 수 없다. 땅도 마찬가지다. 우리가 태어나서 살고 있는 대한민국이라는 캔버스에 대해 생각해 볼 필요가 있다.

　대한민국에는 의미 있는 곳들이 참 많다. 그런 장소를 다니다 보면 우리나라 땅이 얼마나 좋은 조건을 가지고 있는지를 알 수 있다. 또한 공간에 숨은 이야기를 하나하나 알게 되면 대한민국에서 태어난 것에 감사한 마음이 든다.

나를 지켜 주는
'나라'라는 담장

풍수를 연구하는 사람이 되면서 가장 크게 깨닫게 된 것 중
하나는, 대한민국이라는 나라에서 태어난 것이 엄청난 행운
이라는 점이다. 지나칠 정도로 부정적인 의미를 담은 미디
어와 부정적인 말만 하는 주변 사람들 때문에, '나라'라는 단
어만 꺼내도 구시대적인 발상을 하는 사람 혹은 소위 말하는
'국뽕'을 맞은 사람으로 불릴 때도 있다.

개인적으로 국뽕이라는 말은, 우리 얼굴에 침을 뱉는 것이
고, 이 땅이 존재할 수 있도록 목숨을 바친 분들에게는 치욕
그 이상의 의미라고 생각한다. 세계적으로 우울한 지표를 많
이 갖고 있는 나라이기도 하지만, 세계적으로 긍정적인 성취
를 이룬 것들도 많다. 자부심을 갖기 전에 감사함을 먼저 가
지는 것이 당연한 도리다.

담장이 있어야 나의 소중한 무언가를 빼앗기지 않는다. 국
가라는 경계가 바로 우리를 지켜 주는 담장이다. 그리고 그
담장이 둘러쳐진 대한민국이라는 땅은, 마치 나도 몰랐던 출
생의 비밀처럼 제법 놀라운 비밀을 갖고 있다.

여기에 대해서는 풍수보다 더 생소할 수 있는 '도참圖讖사상'

과 한국에 대한 역사적 '단맥설'을 바탕으로 생각해 볼 수 있다. 우선 도참은, 나라가 혼란스럽고 세상이 어지러워질 때 새로운 세상이 펼쳐질 것이라는 예언 혹은 그와 유사한 사상을 말한다. 풍수도 받아들이기 어려운데 도참이라고 하니 당혹스러울지도 모르겠다. 하지만 상식적인 차원에서 가볍게 알고 가는 것도 나쁘지는 않다.

시대가 어려울수록 무속이 잘된다는 속설이 있다. 입으로 그리고 마음으로는 지금을 비관하지만, 사실은 지금의 삶을 벗어나고자 하는 본능적인 욕구가 마음속 깊은 곳에서부터 움직이고 있다는 증거다. 그 모든 부정적인 요소들의 원인은, '안정성'의 부재다. 안정성이 없고 불안하기에 부정적인 생각들이 자꾸만 떠오르는 것이다.

그런 의미에서 내가 속해 있는 국가라는 거시적 관점에서 출발한다면, 우리가 대한민국에 속해 있는 것만으로도 가장 큰 안정성은 확보한 것이다. 굳이 어떤 나라라고 말하지 않아도, 지금까지 전쟁이 이어지고 있는 나라들이 있다. 만일 우리가 그 나라 국민이었다면, 취업 걱정과 부동산 걱정을 할 여유가 있을까? 지금 당장의 갈증을 해결해 줄 물 한 방울이 절실할 것이며, 당장 내 옆에 있는 사람들의 목숨과 안위 그리고 나의 생명 보장을 간절하게 원할 것이다.

한국의 대표적인 도참서 중 하나는 《정감록》이다. 작자와 지어진 연대는 미상이나, 대략 1700~1800년대 사이로 추정되고 있다. 《정감록》 등의 도참서에서 꼽는 사회 불안의 원인 중 하나는 사람이다. 윤리 도덕과 사회 질서가 무너질 때, 새로운 시대에 대한 재편을 갈망한다. 그리고 그러한 시대적 재편은 새로운 국가 혹은 도읍의 탄생으로 귀결된다. 즉, '땅'을 통해서 새로운 생명을 얻게 된다. 그런 의미에서 지금의 삶에 대한 결핍은, 땅으로 귀결되는 우리의 공간을 통해서 해소할 수 있다.

우리가 부잣집에 살기 원하고 부자가 되고자 하지만, 그 모든 바람과 열망은 막연한 '불안정성'으로부터 비롯되었다. 이제는 그 불안정성의 무게를 조금 덜어내도 괜찮다고 말하고 싶다. 이미 좋은 나라 위에 살고 있다는 토대는 갖춰졌으니, 편안한 마음으로 현실적인 노력을 이어 가면 되기 때문이다.

옛날부터 이어져 온
땅의 중요성

땅이 곧 울타리이기에, 그 땅을 더럽히고 해하면 그 공간에 속한 사람 역시 타격을 입을 것이라는 관념은 예부터 전해져 오고 있다. 《태종실록》 중 '태종 6년 7월 16일 기록'을 보면, "황엄이 이곳을 지나다가 물래 구리 말뚝을 박아 놓았는데" 라는 구절이 나온다. 《택리지》에서는 조금 더 직접적인 내용을 접할 수 있다. '팔도총론' 중 경상도편을 보면, "명나라 술사가 외국에 인재가 많은 것을 꺼리어, (중간 생략) 큰 쇠못을 박아 땅의 정기를 눌렀다"라는 내용이 나온다. 여기서 외국은 우리나라를 지칭한다. 풍수의 이론이 처음 정립된 것으로 알려진 중국에서 우리나라 땅의 풍수적 우수성을 상당히 염려했다는 사실을 알 수 있다.

마지막으로, 6·25전쟁의 발발과 베트남전에서 미국의 패전 등을 예측한 탄허스님(1913~1983)은, 정역을 바탕으로 대한민국의 미래를 예견하였다. 탄허스님이 남긴 예언 중에서는 앞으로 대한민국에서 세계를 이끌어 나갈 지도자가 탄생하고, 우리나라가 세계를 이끌어 가는 나라가 될 것이라는 내용이 있다. *

단순한 부자 나라가 아닌 세계를 이끌어 가는 나라가 될 대한민국이다. 스님의 예언이 적중할지는 알 수 없는 일이다. 다만, 그렇게 될 것이라고 믿는 이에게는 그 가능성이 보이기 시작할 것이다. 부자가 될 수 없다고 생각하는 사람은 부자가 될 확률이 0퍼센트지만, 부자가 될 수 있다고 생각하는 사람은 부자가 될 확률이 단 몇 퍼센트라도 높을 수밖에 없다. 세부적인 부잣집을 논하기 이전에, 우리 모두가 부자가 될 수 있는 터전인 곳에서 함께 살아가고 있음을 다시 한번 기억했으면 좋겠다.

풍수 부자로 가는 길

우리나라의 산세는 사람의 몸을 이루는 핏줄과도 같다. 산맥이 마치 선으로 이어진 것 같다고 하여 '선구조 에너지체'라고도 표현한다. 한국의 땅에서 많은 기운이 모이고 그 기운이 모인 덕분에 괄목할 만한 성과를 내는 것이다. 기운이 너무 충만하여 사람들의 의견이 쉽게 모이지 못하는 특징 역시 우리나라 땅에서 비롯된 습성이기도 하다.

대한민국
최고 기업의 시작
의령 부자 마을

　2022년 10월, 사람들은 부자의 기운을 받기 위해서 남강 한 가운데로 걸어 들어갔다. 남강 한가운데에는 기이하게 생긴 바위가 하나 있었는데, 그것은 '솥바위'라고 불리는 바위였다. 그곳의 지명은 '솥 정鼎', '바위 암巖'자를 써서 '정암'으로 불린다. 진위를 알 수 없지만, 솥바위와 관련된 전설은 지금까지 회자되고 있다. 바로 1800년대에 한 도사가 솥바위 인근 8킬로미터 반경 이내에 3개의 별이 태어난다고 예견했다는 내용이다.

그 후 실제로 한국의 근대사를 이끈 세 기업의 총수가 솥바위 반경 8킬로미터 이내의 집에서 태어났다. 훗날 이 세 사람이 기업을 일구고자 할 때 실제로 서로 합의를 봤는지 모르겠지만, 세 기업 모두 별을 의미하는 한자인 별 성星을 써서 기업의 이름을 지었다. 그 세 곳은 삼성, 금성(지금의 LG), 효성이다.

이러한 이야기를 잘 활용하여, 의령군에서는 2022년부터 매년 '의령 리치리치 페스티벌'을 열어서 수많은 관광객을 유치하고 있다. 실제로 페스티벌로 의령을 찾은 인구는, 의령군 전체 인구의 4배 이상에 달하는 10만 명 정도라고 한다. 그만큼 부자에 대한 사람들의 열망을 잘 활용하였고, 실제로도 국내를 이끄는 큰 부자가 태어난 곳을 가지고 있는 지역인 만큼 많은 사람들에게 의미 있는 여행길을 제공하게 된 것이다.

'솥 정'이라는 글자는, 옛날 솥의 형태를 본따 만든 상형 문자다. 옛날 솥은 발이 세 개였는데, 전통적인 솥의 모양까지도 3이라는 의미와 맞아떨어지니 그 전설이 진짜였든 아니든 실제로 신비로운 일이 일어났다고 할 수 있다.

부자가 되고 싶다는 열망, 그 열망은 본질적으로는 잘 살고 싶다는 생각에서 시작된다. 최근 들어 반反기업적인 정서가 많은 게 사실이지만, 궁극적으로 기업이 없으면 사람들이 일할 곳이 없고 국가의 존재에 큰 타격을 입는다. 그런 면에서 국가의 재계 순위에 상위권을 다투는 큰 기업의 시작이 이 솥바위를 중심으로 이뤄졌으니, 국가적인 차원에서도 소중한 의미를 담고 있는 곳일지 모를 일이다.

솥바위의 전설을 직접 눈으로 확인해 볼 차례다. 실제로 솥바위를 확인한 후 세 그룹 총수의 생가를 삼성, 금성, 효성 순으로 밟아 보았다. 솥바위를 중심으로 하여 반경 8킬로미터 이내 세 그룹 총수의 생가가 지금도 잘 보존되고 또 사람들의 발걸음이 끊이지 않고 있다. 차로 움직인다면 10킬로미터 내

▲ 의령 부자마을에 있는 솥바위의 모습

외로 측정되고, 대략 15~20분이면 모두 가 볼 수 있는 거리에 있다.

대한민국 최고 기업
삼성의 시작

먼저 가장 위에 있는 삼성의 시작부터 가 보도록 하자. 삼성은 모두가 알다시피 우리나라 최고 기업이다. 또한 세계적으로 한국의 이름을 널리 알리고 있는 기업이기도 하다. 이병철 회장 슬하에 태어난 자녀들을 통해 삼성, 신세계, CJ, 한솔 등의 큰 기업들이 지금도 이어지고 있으니, 분명 이병철 회장이 태어난 생가터를 주의 깊게 살펴볼 필요가 있다.

이병철 회장 생가는 다른 기업체 회장의 생가와는 달리 일찍이 대중에게 공개를 해, 많은 사람들의 발걸음이 이어지고 있었다. 35도가 넘는 무더운 여름날에 생가를 찾았음에도 대문으로 계속해서 사람들이 드나들었다.

이병철 회장 생가는 서북쪽으로 뻗어 나온 산의 지룡이 끝나는 곳에 자리 잡고 있다. 이곳의 특별한 점 중 하나는, 대문을 통해서 집 안으로 들어가면 동북 방향에 의령 솥바위 모양과 흡사한 퇴적층이 그대로 드러나 있다는 것이다. 리치리치 페스티벌 때에는 이곳을 공개하여 사람들이 부자의 기운을 느낄 수 있도록 만지는 것을 허용하였다. 하지만 평상시에는 경계를 쳐놓아 함부로 만질 수 없었다. 굳이 손을 대지 않더라도 그 암석이 생가 터 전체에 강한 기운을 응축시켜 준다는 느낌을 받았다.

그곳의 해설사에 의하면, 과학적으로도 바위를 통해서 태양 에너지를 계속 받는다고 했다. 동네 전체가 조용하면서도 뭔가 다른 기운이 느껴졌다. 이병철 회장의 생가는 이병철 회장의 조부가 지었는데, 양옆으로는 조부의 형제들 집을 함께 지었다고 한다. 하지만 담을 넘어 양옆으로 가 보아도 이병철 회장 생가에서 가장 강렬한 기운이 느껴졌다.

집 안에는 두 개의 우물이 있었다. 보통 한 집에 하나의 우물만 있는 경우가 많은데, 두 개의 우물이 있었던 것에도 이유가 있다. 북쪽에 있는 안채 앞에 있는 우물은 주인을 위한 것이었고, 대문을 열고 바로 보이는 우물은 식솔들과 마을 사람들이 쉽게 먹을 수 있도록 하나 더 마련한 것이었다.

나눔이 복으로 돌아온다는 사실을 잘 알고 있을 것이다. 그 중에서도 나누면 더 큰 복이 되는 게 있는데, 그것이 바로 '물'

▲ 산의 지룡이 끝나는 곳에 자리 잡은 이병철 회장 생가

▲ 이병철 회장 생가 내부에 있는 퇴적층의 모습

2장   부잣집 터는 기운부터 다르다

이다. 이병철 회장 생가에서는 물로도 꾸준히 운을 쌓아 왔던 것이다.

이와 유사한 곳이 대구 달성군 가창면에 있는 '대림생수'다. 1985년 당시 주식회사 대림프라콘의 김홍욱 회장이 직접 사재를 털어서 만든 시설이다. '맥반석 암반 대림생수'라고 할 만큼 수질이 좋고, 지금도 사람들이 깨끗한 물을 무료로 가져갈 수 있도록 운영되고 있다. 물을 나누는 복덕과 더불어, 자연에서 전해 주는 강렬한 기운을 받아 삼성이라는 가문이 나온 것이 아닐까 하는 생각이 들었다.

LG의 시작,
구인회 회장 생가

다음은 금성, 지금의 LG그룹의 시작인 구인회 회장 생가로 가보겠다. 이병철 회장 생가에서 아래로 내려와 솥바위를 지나 방어산을 중심으로 서쪽에 구인회 회장 생가가 있다. 구인회 회장 생가가 있는 승산 마을에 가 보면, 마을에 있는 거의 모든 집들이 큼직한 기업체 회장의 생가임을 확인할 수 있다. 승산 마을 전체가 부를 상징하는 명당터인 것이다.

마을을 중심으로 해서 서쪽에는 커다란 방어산이 있으나, 그 마을을 부자터로 만들어 준 진짜 이유는 바로 뒤에 있는 야산이다. 구인회 회장의 생가는 공개가 되지 않아서 직접 들어가 보지는 못했다.

하지만 집터 뒤를 돌아가면 마을을 감싸고 있는 전체적인 산의 흐름이 느껴진다. 우리나라의 산세는 대부분 물처럼 흘러가는 모양으로 보인다. 수水는, 물이지만 돈의 흐름과도 같다. 구인회 회장 생가 뒤로 마을 전체를 감싸고 있는 수형산이 어디 하나 빠지는 곳 없이 마을을 잘 감싸 주고 있으니, 그

▲ 구인회 회장 생가 뒤편 산세의 모습

공간의 좋은 기운이 빠져나가지 않고 그곳에 머무는 사람에게 좋은 기운을 전해 주는 것이다. 지금도 승산 마을 곳곳에는 직접 거주하고 있는 분들이 많았다. 이병철 회장 생가에서는 집만의 특별한 강한 기운을 느낄 수 있었다면, 구인회 회장 생가를 통해서는 마을 전체를 감싸고 있는 아름다운 산세를 느낄 수 있었다.

효성의 시작,
조홍제 회장 생가

마지막으로 찾은 곳은 효성그룹의 시작, 조홍제 회장 생가였다. 조홍제 회장 생가는 대중에게 공개된 지 그리 오래되지 않았다. 효성 그룹은 삼성과 LG처럼 대중에게 많이 알려져 있는 기업은 아니다. 보통 사람들이 흔히 접하는 상품이 아니라 화학, 섬유, 중공업을 중심으로 기업이 이어져 오고 있기 때문이다. 조홍제 회장은 당시 이병철 회장과 함께 삼성물산을 세운 것으로도 유명하다.

조홍제 회장의 생가에 가 보면, 정말로 들판 한복판에 있는 기분이 든다. 남향으로 지어진 집이었다.

▲ 들판 한복판에 있는 듯한 느낌이 드는 조홍제 회장 생가

    만약 주변에 막아 주는 산이나 건물이 없이 넓은 들판에 집을 짓는다고 해도 최대한 시야에 들어오는 산을 중심으로 그리고 집을 위치할 터를 중심으로 방향을 정하는 것이 좋다. 그리고 평지 중에서도 조금이라도 언덕이 진 곳을 등 받침으로 해서 집을 앉혀야, 조금의 기운이라도 받으면서 살아갈 수 있다.

    수백 년 동안 이어지고 관리되고 있는 고택이라면, 멀리 있는 산도 나름의 의미를 가지기 때문에 그 고택에 사는 사람에게 영향이 간다. 거주 공간을 중심으로 산이 멀고 가까움에 따라서도 그 기운의 강함과 그 기운이 전해지기까지의 기간을 생각해 볼 수 있는 것이다. 조홍제 회장의 생가는 산의 영향을 받기에는 조금 멀지 않나 하는 생각이 들었다.

한 사람이 태어난 곳은 그 사람의 평생 운을 좌우한다. 그런 의미에서 의미 있는 분들이 태어난 곳을 찾는 행위는, 좋은 기운을 받기에 적합하다고 볼 수 있다. 의령 솥바위에서 시작해 세 기업 총수의 생가를 이어 보면, '사람 인人' 모양이 나타난다. 땅을 통해서 부자가 되고자 하는 길의 여정은, 결국 완성된 인격체를 가진 사람의 삶을 살고자 하는 여정과도 같다.

풍수 부자로 가는 길

같은 땅을 봐도 보는 사람의 마음과 생각에 따라서 다르게 보인다. 단순히 관광지라고 생각하면 눈에 보이는 것만 보게 되며, 생각보다 시시하다고 느껴지는 곳들이 많다. 하지만 땅 위에 위대한 인물들이 걸어다니고 생활했다는 점을 생각하면 그 공간이 조금은 다르게 다가온다. 그 기운의 여운을 전해 받는다고 생각한다면, 진정한 명당 여행이 될 것이다.

옛날
부잣집의 특징
경주 양동 마을

요즘은 세계여행을 다녀보지 않은 사람을 찾는 것이 더 어려울 만큼, 우리나라 밖을 여행하는 것이 일상이다. 나는 아직 우리나라를 돌아다니기에도 시간이 부족하여 해외에 관심을 돌리지 못하고 있다. 다만 어느 정도 국내 땅에 대한 공부가 쌓이면 해외 땅 공부를 이어 갈 계획이다.

사실 시간이 부족하다는 이유도 있지만 우리나라 곳곳에는 우리가 모르는 좋은 곳들이 참 많다. 그런 이유로 우리나라 밖으로 관심을 돌릴 틈이 없다. 동네에 새로 생긴 맛집이나 동네에 있는 중고 물품은 찾아보더라도, 동네에 있는 유적지를 검색해 보는 일은 거의 없다. 하지만 생각보다 우리 주변에는 꼭 가봐야 한다고 느낄 만큼 좋은 곳들이 많다.

풍수로 보는
양동 마을의 특징

이번에 이야기할 양동 마을은, 사실 '우리 동네 숨은 명소'는 아니다. 이미 2010년도에 유네스코 세계문화유산으로 지정되어 많은 사람들이 찾는 명소가 되었다. 하지만 밖에서 인정받고 난 뒤 안에 있는 사람들 찾는 것은 순서가 맞지 않다. 나라 밖에서 인정을 해 준 것은 고마운 일이지만, 그곳의 주인인 우리가 주체적으로 의미를 찾아봐야 한다.

우리는 '부자'가 되기를 원하며 평생을 살아간다. 예전에는 부를 가진 삶보다 명예와 덕망을 가진 사람을 더 높은 사람으로 인정해 주었으나, 이제는 명예와 덕망보다는, 모든 사회적이고 대외적인 인정 가치가 '부富' 아래로 개편된 것 같다. 그런 의미에서 양동 마을은 '부'보다 '명예'와 '학식' 그리고 '덕망'이 높은 마을로서의 의미를 갖는 곳, 전통적으로 진정한 의미의 부자 마을이라고 할 수 있다.

지금까지 500~600년 정도의 시간 동안 전통을 이어 오고 있는 마을은, 대부분 마을을 개척한 인물이자 맨 처음 들어와 터를 잡은 사람의 가옥이 지금까지 유지되고 있는 경우가 많다. 양동 마을도 그러한 곳이다. 양동 마을의 시작은 지금의 '송첨종택'이다. 경주 손씨 큰 종가로, 손소가 1457년 송첨종택을 지었다고 알려져 있다.

송첨종택은 제법 높은 지대에 위치해 있고, 그 토대는 뒤편에 있는 설창산에서 시작되었다. 양동 마을에 가 보면 이곳

▲ 송첨종택 입구

이 풍수적으로 산맥이 '말 물物'자 모양으로 되어 있어서 명당이라는 내용의 공식적인 소개를 확인할 수 있다. 풍수에서는 '물형론'이라고 하여 특정한 산의 모양, 마을의 형태를 두고 위와 같이 이름을 붙이기도 한다.

풍수를 잘 모르는 입장에서는 물형론이 풍수의 전부인 것으로 생각할 수 있다. 하지만 물형론은 그 이름을 붙이는 이의 주관적인 의견도 강하게 작용한다는 것을 기억해야 한다. 즉, 누군가에게는 '말 물'자 형태가 갈고리 모양으로 보이고, "갈고리처럼 곡식을 끌어모으니 부자가 나오는 자리다"라고 말할 수 있다.

모양에 대한 이야기는 가볍게 듣기를 추천한다. 설창산의 원 줄기에서 에너지가 여러 갈래로 뻗어 나온다는 점이 중요하다. 즉 기운을 받는 공간이 많을 확률이 높다는 의미이다.

땅의 에너지를 이어 가는 것의 중요성

송첨종택도 그러한 기운을 받는 좋은 토대 위에 지어진 공간으로 보인다. 대문 안으로 들어가면, 대문을 중심으로 좌측에는 지금도 후손들이 지내고 있는 공간이 있으며, 우측에는 엄청난 크기의 향나무를 볼 수 있다. 향나무는 손소가 집을 지으며 직접 심은 것이라 전해지니, 500년이 넘은 영험한 나무라고 볼 수 있다. 그리고 향나무 뒤로는 사당이 배치되어 있다. 유학과 전통을 지키는 가문의 가옥에서 사당의 위치는 너무나도 중요했다. 돌아가신 분들일지라도 나의 뿌리이니 내가 거처하는 곳보다 위에 있어야 한다는 의미로 사당을 위에 배치했을 것이다.

물론 유교적 성찰도 있겠지만, 풍수적으로 봤을 때도 의미가 있다. 한 집안의 산소를 보면, 보통 가장 높은 윗대의 조상님을 모신 이후 후대의 자손들은 그 아래에 있는 묘를 쓴다. 그것은 가장 위에서부터 내려오는 에너지를 조상님께서 받고 있는데, 그 윗줄기에 후손을 모시면 자손이 위에 올라간다는 의미가 아니라, 근본적인 땅의 에너지를 끊어버리는 의미를 갖기 때문이다.

손소는 요즘 말로 말하자면 최고의 엘리트 장관이자 장군이었다. 27세에 문과에 급제한 이후, 최고 엘리트만 들어가는 승문원에 배치되었다. 이후 1467년에 일어난 이시애의 난을 진압하는 공을 세워 통정대부에 오른다. 이로 인해 명예 상승

▲ 송첨종택 향나무

▲ 송첨종택 사당

뿐만 아니라, 저절로 재산도 늘어났다.

훗날 손소의 후손들은 임진왜란이 일어났을 때에 적극적으로 의병 활동을 한 것으로도 알려져 있다. 그 당시에도 개인의 안위와 명예만을 중요시하는 부자와 양반들이 있었겠지만, 개인의 안위보다 함께 살아가는 땅을 지키고자 하는 지조와 절개를 가진 상류층이 지금보다는 많은 비율을 차지하지 않았을까.

모든 기운이 연결되어 있는 것처럼 이 땅 위에 연결되지 않은 것은 없다. 부자라는 존재는, 이 땅 위에서 더 많은 것을 쓰고 누리는 것을 넘어 땅 위에 더 의미 있는 새로운 것들을 발견해 많은 사람들을 풍족하게 만들고자 하는 대의가 있어야 한다.

양동 마을의 송첨종택을 중심으로 혈의 좌측으로 오는 산맥, 좌청룡의 봉우리가 우뚝 솟은 모습을 볼 수 있다. 좌청룡은 풍수에서 후손, 인격, 명예, 관직 등을 의미한다. 그 덕분인지는 모르나, 입향조 손소뿐만 아니라 그의 아들이자 성리학의 대가인 손중돈 그리고 그의 외손인 이언적 선생은 지금도 많은 사람들에게 알려지면서 권위를 유지하고 있다.

송첨종택의 입구에 있는 팻말에는 이런 이야기가 남아 있다. 한 지관이 송첨종택에서 세 명의 현인이 탄생할 것이라 예언했다고 한다. 손소의 아들인 손중돈과 그의 외손인 이언적이 세 명 중 두 명일 것이다. 앞으로도 송첨종택의 전통이 잘 유지되고 자손이 이어져서, 국가를 부강하게 만들 수 있는 진정한 부자이면서도 정신적 지주가 될 수 있는 마지막 한 명이 나타나기를 기대해 본다.

풍수 부자로 가는 길

풍수의 이론에 대한 무의미한 논쟁 중 하나는 '물형론'과 '이기론'의 대립이다. 물형론은 땅의 모양을 보고 거시적인 관점에서 접근하는 것이며, 이기론은 세부적인 좌향과 방향에 따른 이론으로 자리를 정하는 것이다. 둘다 틀리다고 할 수 없으며, 오히려 하나만 맞다고 주장하는 것이 틀린 답을 얻는 길이다. 풍수의 정답은 자연에 있다. 풍수에 관심이 생겨 이론적인 공부를 병행하는 것은 좋으나, 풍수를 업으로 삼는 것이 아닌 이상 공간의 기운을 느끼고 교감을 하는 것이 가장 중요하다.

경계와 위치가
중요한 이유
평택 공장 컨설팅

평택의 한 공장 대표님으로부터 풍수 컨설팅 의뢰가 들어왔다. 공장을 운영하면서 친인척들의 관계에 문제가 생겼는데, 공장의 위치와 이러한 사건이 관련 있는지를 걱정하셨다. 또한 공장 인근에 있는 전원주택 부지에 대해서도 감정을 요청받았다.

우선 공장 터를 봤을 때에는 큰 문제가 없어 보였다. 주변의 지형에 맞춰 건물의 위치도 제대로 앉혀 있었다. 다만 굳이 문제를 삼자면 명확한 공장의 경계가 없었다. 공장의 대문

2장   부잣집 터는 기운부터 다르다

▲ 경계가 없는 공장 현장

이 딱히 없었고, 임시로 세워진 담벼락이 끝나는 사이로 넓게 물류 차량이 드나들 뿐이었다.

내가 사는 곳의
담장이 중요한 이유

풍수에서 중요한 개념은 바로 '경계'다. 사람에 비유를 들어 보자. 주변 사람들과 정말로 친하게 지내는 남자가 있다. 그

남자는 자신의 집에도 수시로 손님을 데리고 왔다. 아내는 그게 늘 불만이었다. 아니나 다를까, 불만을 가지던 아내는 그렇게 외부에서 데리고 오던 손님과 눈이 맞았고, 결국 부부는 이혼을 하고 갈라서게 되어 가정은 파탄이 났다.

이처럼 사람들과 경계 없이 지내다 보면 그 사람들과 많은 교류를 할 수 있을지는 모르나, 중요한 것을 영원히 잃어버릴 수도 있다. 극단적인 예를 들기는 했으나, 사람의 경계든 공간의 경계든 모두 마찬가지다. 지나치게 많은 경계는 배타적일 수 있지만, 적당한 경계는 나의 소중한 것을 지키고 온전한 내가 있도록 하는 중요한 요소다.

최근 한 연예인의 전원주택에 사람들이 감시하듯이 집을 찾아온다는 이야기가 크게 회자되었다. 그 연예인의 부모님은 집을 짓더라도 절대 담을 세우지 말고 다른 사람과 경계를 짓지 말라고 했다고 한다. 하지만 그렇게 경계를 짓지 않으니 본질적으로 거주의 안정성이 사라지고 외부로부터의 위협을 받는 것이다.

풍수의 고서에서는 예부터 담장을 중요하게 생각했다. 우리 집 안의 구역을 설정하는 것을 시작으로 나만의 우주가 만들어진다. 우주라고 하는 단어가 '집 우宇', '집 주宙'에서 시작했다는 점을 잊지 말자.

나에게
기운을 줄 수 있는 산

대표님께 공장에 맞는 정확한 대문의 범위를 설정해 드리고 주택터로 향했다. 한적한 마을에 산을 잘 끼고 있는 부지였다. 약 500평 정도 되는 부지에서 어떤 곳에 건물을 앉혀야 할지를 궁금해하셨다.

사실 좋은 터를 구한다고 해서 끝이 아니다. 정확히 건물을 앉히는 위치를 잡는 것 또한 중요하다. 앞에서 말한 등받이 의자를 떠올려 보자. 내가 아무리 편하고 좋은 의자를 구매했다고 해도, 그 의자의 정확한 위치에 앉아야 내가 편안함을 느끼지, 의자 끝에 앉거나 이상한 자세로 앉는다면 절대 편안할 수 없다.

집도 마찬가지다. 해당 터의 경우 산이 집을 잘 둘러싸고 있었지만, 공간에 그 기운이 다 전달되는 것 같지 않았다. 그 안에서도 나에게 가장 강한 기운을 줄 수 있는 산을 보고 위치를 결정해야 한다. 이를 보통 '주산'이라고 표현한다. 무조건 산이 나를 둘러싸고 있다고 해서 다 좋다고 할 수 없다.

한 가지 예를 들자면, 논산 인근을 가다 보면 산세가 마치 치마 주름이 놓여 있는 것처럼 펼쳐진 곳이 나온다. 보기에는 신비롭고 질서정연할지 모르나, 주변에 사는 사람들끼리 사이가 좋지 않을 확률이 높다. 그것은 주산이 너무 많기 때문이다. 즉, 모두가 그 공간에서 동일하게 주인 행세를 하려고 하니, 다툼이 일어나고 그 터에 사는 사람들이 평안하기가 쉽지 않다.

사실 주산에 대한 이야기를 한 장에 풀어내기에는 어려움이 있다. 하지만 막연하게 생각할 필요 없다. 만약 내가 평평한 땅을 갖고 있고, 그 땅을 중심으로 사방이 탁 트여 있다면, 그 땅 안에서의 높낮이를 찾으면 된다. 그 안에서도 조금 높이 솟은 땅을 등받이로 삼고 의지해서 건물의 위치를 잡는다면 조금 더 나은 위치를 정할 수 있다.

풍수 부자로 가는 길

만약 일정한 부지가 확정되어 있고, 그 안에서 좋은 위치를 잡고자 한다면 내가 가진 땅의 전체적인 기울기를 살펴보는 것이 우선이다. 이후에 주변의 산세와 건물 등을 보고 등받이로 삼아야 할 것을 정해야 한다. 어느 것 하나 우열을 정할 수 없으며, 현장에서는 모든 요소들을 복합적으로 고려하여 건물의 위치와 방향을 결정한다.

한 걸음 차이로
명당과 흉지가 나뉜다
동탄 분양업체 컨설팅

경기도에 있는 고급 전원주택 토지 분양업체로부터 연락이 왔다. 협업을 할 수 있는 지점이 없을지 문의를 받아 미팅을 잡고 현장을 돌아봤다. 만약 특정한 아파트 단지 전체, 혹은 분양 사업 필지 전체를 풍수적으로 좋은 쪽으로 평가를 해달라고 한다면 그것은 불가능한 일을 넘어서 직업 윤리적으로 반하는 일이다.

요즘 부동산 관련 시장에서는 풍수를 마케팅 요소로 활용하고, 나 또한 그런 제의를 많이 받는다. 객관적인 평가가 이뤄지고 이왕이면 좋은 땅을 소개할 수 있다면 모든 건설 주체들과 소비자 입장에서는 좋은 일이다. 하지만 사업부지의 실제 평가와는 별개로 소설에 가까운 부정확한 정보를 바탕으로 풍수를 활용하는 경우도 많다. 그 자체를 비난할 수는 없으나, 부정확한 정보를 전달하거나 좋지 않은 땅을 좋다고 말하는 것은 분명 속이는 행위 중 하나다.

동네의 기운보다는 '그곳'에 집중하자

내가 하고 싶은 말은, 내가 살거나 운영하는 공간과 그 공간이 위치한 동네 전반에 대해서는 조금 별개로 생각할 수 있어야 한다는 점이다. 외부 채널에 나가 인터뷰를 하면 꼭 물어보는 질문이 "지금 이 공간은 풍수적으로 어떻습니까?", "우리 회사 기운은 좋은 것 같습니까?"이다. 그런 질문을 받는다고 해도 대강 임기응변으로 넘어간다. 마치 가수에게 그 자리에서 노래 한번 해 보라는 말과도 같기 때문이다. 터에 대한 평가는 흥미를 채우기 위해서 진행되어서는 안 된다.

나는 진정으로 공간이 궁금하고 이를 통해서 삶을 개선하고자 하는 의지가 있는 이들을 위해서 부동산 풍수 컨설팅 회사를 운영하고 있다. 그들이 간절한 마음으로 묻는 질문이, 궁극적으로 내가 위치한 곳이 어떠한가에 대한 질문이다. 땅에 대한 평가는 쉽고 빠르게 이뤄지지 않는다. 한 공간에 대한 풍수적인 판단은 수백여 가지의 조건들을 조합하여 최종적으로 이뤄진다.

한 공간에 대한 평가도 그러한데, 하물며 한 동네 전체를 어떻게 모두 다 같은 의견으로 말할 수 있을까. 물론 1700년대에 지어진 이중환의 《택리지》를 보면, '팔도 총론'을 통해서 각 지역의 특색을 설명하고 있다. 《택리지》는 풍수서가 아니라 지리서의 일종이다. 저술의 이유는 명확하지 않으나, 전국 8도의 산수에 맞추어 사람들의 품성을 구분 짓는 내용도 볼 수 있다.

부동산 시세가 많이 오르고 적게 오를 곳을 평가하는 것처럼, 풍수적으로도 어느 정도 땅의 우열을 정할 수는 있는 일이다. 하지만 그것을 공개하기도 불가능한 일이거니와, 한 동네 전체가 좋다고 해도, 그 안에서 좋은 땅과 나쁜 땅은 다시 세부적으로 나뉜다는 사실을 기억해야 한다.

만일 내가 살 집, 내가 장사할 공간, 내가 경영할 사옥을 찾는다면, 동네 전체에 치우칠 필요 없다. 전체를 볼 줄도 알아야 하지만, 주변의 보이는 것들에 속아서 정작 나쁜 곳을 선택하는 우를 범하지 않았으면 한다.

대표적으로 음택지를 선정할 때 이러한 오류를 범하는 일부 이론들이 있다. 바로 시신을 묻을 자리의 혈을 평가하는 것보다, 시신을 묻을 자리에서 보이는 앞의 산이 어떤지만 보고 자리를 선택하는 것이다. 고속도로를 달리다 보면 어떻게 저런 자리가 있을까 싶은 안타까운 못자리가 많다. 그런 묘들이 바라보는 방향을 보면 저 멀리 마주하고 있는 산의 모양이 기가 막히게 아름다운 경우가 많다.

내가 머물 공간이
가장 중요하다

풍수에서는 내가 머물 공간을 중심으로 위치를 정하는 것이 중요하다. 동탄에 있는 해당 사업부지의 경우에도 고급타운하우스 부지이지만 그 안에서도 자리의 차등은 존재하고 있었다. 뒤에 산을 끼고 있으며, 전형적인 배산임수의 부지였다. 사업 초반에 이미 가장 윗편에 있는 땅들은 이미 분양이 완료되었는데, 좋은 땅을 정했구나 싶은 곳도 있었고, 조금은 아쉽게 느껴지는 곳들도 있었다.

풍수의 묘미는 바로 이런 점이다. 한 걸음을 사이에 두고 명당과 흉지가 갈린다. 더군다나 위 사업 필지는, 평균적으로 100평 내외의 땅들이었으니, 땅에 우열의 편차가 있을 수밖에 없었다. 마치 한 걸음 정도의 거리 차이로 비가 오는 지역과 날씨가 맑은 지역이 갈리는 것과 카페에 갔을 때 한 칸만 옆으로 가도 쾌적함과 불편함이 갈리는 것처럼 말이다.

풍수의 오랜 전통은 '음택'으로부터 비롯되었다. 하지만 현대에 들어서는 '양택'을 더 중요하게 생각하는 시기로 접어들

▲ 동탄 분양업체 현장 사진

었다. 내 일생의 관점으로만 보자면 틀린 말도 아니다. 막말로 조상 산소가 나쁘다고 하면 땅을 파서 화장을 하는 방법도 있지만, 내가 사는 집은 나쁘다고 해도 파서 없애버릴 수 없기 때문이다. 물론 음택의 원리와 자연의 지속성을 따져본다면 음택을 '단순히 화장을 하면 그만'이라고 생각해서는 절대 안 된다. 비유를 들자면 그런 것이다.

강의를 나갈 때 늘 하는 비유가, 사람은 지구라는 화분에 심어진 식물과도 같다는 내용이다. 화분 속에 들어 있는 흙이 좋아야 식물이 잘 자라는 것처럼, 사람도 내가 머무는 자리가 좋은 땅이어야 오래도록 잘 살 수 있다.

풍수 부자로 가는 길

어떤 공간이냐에 따라 풍수 컨설팅 내용이 달라진다. 주택이 많았던 예전에는 집 안에 큰 나무를 심는 것을 경계했다. '곤란하다'라는 의미를 가진 한자인 곤困은, 마당 한가운데에 있는 나무를 의미한다. 그것은 마당 한가운데에 있어서 나무가 곤란한 것도 있지만, 사실은 그 나무를 다 수용하지 못하는 집이 곤란하다는 것을 의미한다. 나의 공간에 맞는 적당한 크기의 화분과 나무를 선택하는 것이 중요하다.

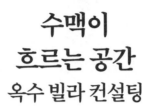

수맥이
흐르는 공간
옥수 빌라 컨설팅

옥수의 한 컨설팅 업체 대표님의 집을 감정한 사례에서 시작해 보겠다. 흐린 날이었다. 서울로 출장을 갈 때는 거의 100퍼센트 대중교통을 이용한다. 택시를 타고 출장지로 향했는데, 해당 주택지에 사는 분들이 아니면 외부 차량은 쉽게 진입이 어려운 곳이었다.

집 안으로 들어가기 전에 건물 주변을 돌아보고 들어가기로 했다. 명당이라고 부르는 곳은, 땅과 하늘의 기운이 모인 곳을 말한다. 그 기운이 공간에 잘 머물 수 있도록 하기 위해서 배산임수라는 개념이 존재한다. 앞에서 말한 '전저후고'도 '배산임수'에서 비롯된다. 만약 특정 주택부지가 급경사를 보이면서 땅이 내려간다면, 그것은 기운이 모이기 어렵고 다 흘러내리는 형태다.

땅의 경사가
중요한 이유

보통 경사에 대해서 이야기하면, 어떤 분들은 서울의 여러 부촌들을 언급하며 부자들도 다 경사진 곳에 산다고 반문할 때가 종종 있다. 어느 정도의 자산을 넘어선 재벌이나 큰 부호들의 경우를 일반적인 생각으로 바라본다면 충분히 그런 의문이 들 수 있다. 하지만 그들도 그렇게 지내니 나도 막 지내도 괜찮다는 생각은 좋지 않다. 운동선수들이 시합 전 운동을 해서 하루만에 5킬로그램씩 빼니까, 나도 그들처럼 할 수 있다고 생각하면 안 된다는 것이다.

흔히 말하는 부자 동네는 경사진 동네라고 할지라도 평평한 땅이 펼쳐진 곳도 많다. 산도 마찬가지다. 산 능선이 직선으로 아래로 떨어지는 것이 아니라, 굽이굽이 꺾이면서 완만

▲ 경사가 심한 곳은 기운을 흘려보낸다.

▲ 경사 아래 정리되지 않은 모습

한 경사를 이루었다가 다시 급경사를 만든다.

물론 부자든 아니든 그 누구든 동일하게 자연의 영향을 받지만, 좋고 나쁜 영향을 받는 것에 있어서는 어느 정도 차이가 있음을 부인할 수 없다. 그리고 앞에서 짚어본 것처럼 부자들이 사는 공간은 필지가 상당히 넓다. 일반 가정집에 소나무 한 그루를 심으면, 분명 그 집에 악영향을 준다고 볼 수 있지만, 1,000평이 넘는 부지에 소나무 한 그루 심는 것은, 집에 영향을 준다고 보기 어렵다.

집의 길흉은 크기에 따라 균형 있게 바라볼 수 있어야 한다. 또한 비탈진 곳처럼 보이지만 그런 땅들은 언덕을 깎아내기보다는, 성토를 해서 지어올린 경우가 많고, 그렇게 되면 집이 위치한 곳은 자연의 땅 그대로일 확률이 높다. 성토를 한 땅과 지형을 파괴하고 평탄화한 땅의 기운 차이는 상당히 크게 작용한다.

수맥이 흐르는 집을 피해야 하는 이유

집 주변을 돌아보고 집 안으로 들어갔는데, 전반적으로 수맥이 흐르는 집임을 바로 느낄 수 있었다. 수맥이라는 단어를 사용하기는 했지만, 나 역시 수맥을 무엇이라 특정하는 것이 참으로 조심스럽다. 개인적으로도 고故 임응승 신부님의 저서인 《수맥과 풍수》가 가장 풍수적인 관점으로 수맥을 바라보고 있기에, 그 책의 내용을 바탕으로 이야기하려고 한다.

임응승 신부님은 성직자이면서도 풍수와 수맥에 조예가 깊은 분이었다. 당시 수맥으로 여러 매체에 나오기도 할 만큼, 신비하게 물이 있는 곳을 찾아냈고, 여러 풍수서에서도 《수맥과 풍수》를 많이 인용했다. 개인적으로 느끼기에 풍수라는 단어보다 수맥이라는 단어가 대중에게는 더 친근하고, 머릿속에 깊게 박혀 있는 것 같다. "우리 집 풍수 좀 봐주세요"라고 하는 분들보다, "우리 집에 수맥이 있는지 좀 봐주세요"라고 말하는 분들이 더 많기 때문이다(물론 단순히 수맥을 찾아달라는 요구에 응한 적은 없다).

수맥은, 한 문장으로 정의하기가 어렵다. 땅 속 깊이 흐르는 물이라고 표현되기도 하며, 땅 속에 있는 물을 통해서 올라오는 파장이기도 하다(나의 경우에는 후자에 가까운 의견을 갖고 있다). 그 정의가 어떠하든 간에 수맥이 여러 가지로 변화를 초래한다는 점이 중요하다.

문제는 그 변화가 우리에게 좋은 측면으로 작용하기 어렵다는 점이다. 수맥이 강한 자리에 위치한 공장에서 기계가 파장에 의해 뒤틀리고, 생산물의 불량률이 높아진다. 수맥이 강한 자리에 위치한 집에서는 잠을 설칠 확률과 관절에 큰 영향을 미치게 될 확률이 높아진다.

'수맥 파장'은, 신체뿐만 아니라 정신에도 영향을 미친다는 논문들이 있다.[*] 수맥 파장은 인체에 유해한 파장이기 때문에 그것에 지속적으로 노출되면, 마치 방사능에 오래도록 노출된 것처럼 우리 몸에 축적된다는 내용이다. 수맥 파장에 오래 노출된 결과로 관절에 문제가 생기고 긍정적인 생각을 할 수 있는 힘이 줄어드는 것을 심리학적인 연구를 통해서 뒷받침하고 있으니 마냥 가벼이 넘길 수는 없는 일이다.

수맥이라는 파장은, 땅 아래에서 올라오기 때문에 이것을 피하고자 한다면 그 파장을 차단해야 한다. 보통 동판이나 알루미늄 은박지를 사용한다. 실제로 '수맥파'로 명명하는 유해 파장들이 차단법을 통해서 어느 정도는 줄어드는 모습을 볼 수 있다.

이러한 학문적인 이야기를 떠나서, 컨설팅의 일선에서도 수맥파가 강한 공간에서는 쉽게 어지러움을 느낀다. 한번은 경기도 지역의 한 관공서에서 2시간 동안 특강을 한 적이 있다. 그때 그곳의 위치가 좋지 않았고, 수맥 혹은 부정적인 기운 또한 강렬하게 느껴졌다. 그래서인지는 모르나 강의를 한 뒤 일주일 이상 발목이 아파 고생했다. 오래 서 있어서 아픈 것이 아니었다. 2시간 넘는 강의를 진행한 경험이 많지만, 그때마다 이 정도로 발목이 아프지는 않았다.

해당 사례로 돌아와서, 대표님은 그 집에서 전세를 연장해야 할지, 아니면 새로운 곳으로 가야할지를 문의했다. 입지 전체적으로 수맥 파장 혹은 유해한 기운이 강하게 느껴지는 곳에 지어진 빌라였고, 과감하게 이사 갈 것을 권했다. 이후 성수 쪽에 있는 아파트를 구했다는 소식을 들었다.

마지막으로 수맥 측정에 대해서 궁금해하는 사람들이 많을 것 같다. 영화 〈미나리〉를 보면 외국인이 나뭇가지를 활용해 지하수를 찾는 장면이 나온다. 실제로 나뭇가지를 활용하기도 하며, 전용 '펜둘럼'이나 '엘로드'를 많이 활용한다.

하지만 그러한 장비가 100퍼센트 맞다고는 생각하지 않는다. 땅에 대한 객관적인 기운을 느끼기보다는, 개인의 주관적인 생각이 파장이 되어 측정의 객관성을 떨어뜨릴 수 있기 때문이다. 그러니 굳이 돈을 들이기보다는 좋은 공간, 명당이라

고 알려진 곳들을 자주 다니면서 좋은 곳들에 대한 느낌을 몸
으로 익히는 게 가장 정확한 방법이다.

풍수 부자로 가는 길

엘로드가 부정확할 수 있는 이유는, 생각의 파장이 영향을 미치기 때문이
다. 생각의 파장은 기운의 작용이며, 눈에 보이지 않는다고 하여 무시해서
도 안 된다.

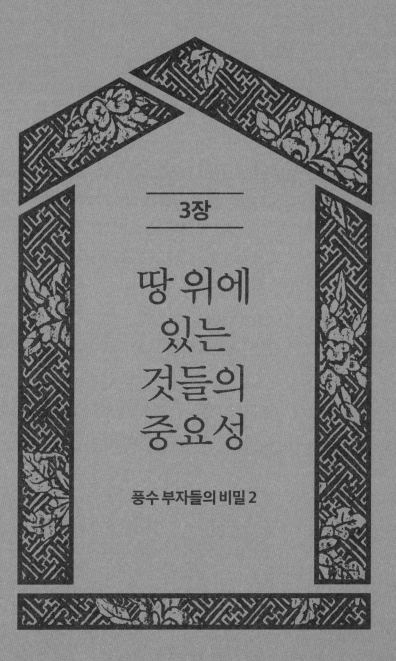

3장

땅 위에
있는
것들의
중요성

풍수 부자들의 비밀 2

땅의 기운을
100퍼센트
활용하는 법

앞선 장에서 땅의 중요성을 알아봤다면, 이번 장에서는 땅 위에 펼쳐진 것들에 대해 이야기하려고 한다. 땅이라는 토대를 잘 이해했다면, 그 위에서 있는 것들의 의미도 자연스레 이해할 수 있다.

땅을 통해서 부자가 되고 그 어떤 것이든 풍족한 삶을 누리고 싶다면, '기운'이 존재해야 한다. 그리고 그 기운은 흩어지기 쉬운 속성을 지녔다. 적절한 비유일지는 모르나, 우리가 소중히 생각하는 돈은 모으기는 어려우나 빠져나가는 것은 순식간이다. 돈을 가져다주는 운도 마찬가지다.

하나의 혈자리를 중심으로 해서 주변에 보이는 모든 산과 물 그리고 돌 등의 자연물을 보고 길흉을 판단하는 것을 풍수 용어로 '사砂'라고 한다. 아무리 우리가 좋은 땅을 선택하고 거기에서 좋은 기운을 받는다고 해도, 그 기운을 오래도록 받는 것이 중요하다. 기운을 오래 머물게 하기 위해서는 주변의 사砂가 잘 갖춰져야 한다.

전통적인 풍수는 음택을 중심으로 이론을 펼쳐기 때문에 사砂의 개념을 자연물을 통해서 설명한다. 하지만 현대적인 공간 개념에서는 자연물보다 인공물을 더 많이 활용한다. 우리 집 주변만 해도, 산과 물이 보이기는커녕 바로 앞에 보이는 다른 아파트 단지 혹은 상가 건물이 전부일 것이다.

하지만 그것들 속에서도 역시나 기존 풍수의 개념은 적용된다. 풍수는 자연의 법칙임을 잊지 말자. 보통 독산에 쓰인 묫자리나 탁 트인 언덕에 지어진 집을 풍수적으로 좋지 않다고 말한다. 독산에 쓰여진 묫자리든 언덕에 지어진 집이든 내가 정한 자리에서 올라오는 기운을 지켜 주는 주변 지형이 없기 때문이다(물론 다른 이유도 존재할 수 있다).

그래서 우리가 통칭해서 말하는 '배산임수'를 찾게 되는 것이다. 단순히 뒤에 산이 있고 앞에 물이 있어서 명당인 것이 아니라, 내가 정한 자리에서 올라오는 기운이 빠져나가지 않도록 잘 보호해 주기 때문에 명당이라고 할 수 있다. 지금까지 인식하지 못했더라도, 주변에 있는 모든 것이 나에게 영향을 주고 있다.

집의 구조가 중요한 이유

이러한 풍수적 사고관은 우리 집이라는 공간 안에서도 동일하게 적용된다. 대표적인 것이 집의 구조에 대한 내용이다. 실제 풍수 컨설팅을 진행할 때에도 구조에 대한 문의가 점점 많아지고 있다. 모든 공간을 직접 밟아볼 수 없기 때문에, 제한된 상황에서는 특정 공간의 구조만 확인해 최악의 상황을 피하기도 한다.

위에서 설명한 바와 같이 좋은 기운이 솟아나는 자리를 선정해서 묘와 집을 짓는다고 해도, 그 명당의 운을 오래 받기 위해서는 그 기운이 잘 보존될 수 있어야 한다. 음택의 경우에는 혈의 위치만 정확히 짚을 수 있다면 시신을 묻는 땅의 깊이와 시신의 머리 방향만 고려하면 될 일이다.

사람이 사는 집은 이것보다 훨씬 복잡하다. 단순히 자리를 통한 절대적인 영향력을 비교하자면, 음택의 크기가 월등하다. 하지만 양택은 피할 수 없는 선택이다. 우리가 삶을 유지하기 위해서는 집이 있어야 하기 때문이다.

집 안에서도 대문과 현관, 주방의 가스레인지, 화장실 변기의 위치 등 세부적인 주요 시설의 배치와 결합에 따라서 공간의 운을 판단할 수 있다. 그와 더불어 그 공간에 살게 될 사람들의 성향에 따라서 조금 더 적합한 방 배치가 있을 수 있고, 집 주인의 취향을 반영하는 가구나 벽지 색, 전등의 모양 등 집에 영향을 미치는 요소들은 너무나도 많다. 하지만 걱정할 필요 없다. 풍수의 근본 개념을 잘 이해해서 삶의 격을 높이는 철학적인 사고와 풍수 부자로서의 마인드셋 그리고 생활 태도를 우선시하는 것이 중요하다.

채움보다는
비움이 더 중요하다

많은 사람들이 풍수 인테리어에 관심을 가지면서 집 안에 있는 것들에 대한 소중함을 알아가기 시작했다. 컨설팅을 의뢰하는 분들도 이러한 점을 잘 알기 때문에, 작은 물건 하나도 어떻게 해야 할지 질문하는 경우가 많다. 어떤 의미로든 좋은 자세다. 물건에 휘둘리는 것이 아닌, 물건까지 활용하여 운적 작용을 잘 이해하는 부자가 되기 위한 단계에 들어선 것이다.

대부분의 사람들이 비움보다는 채움을 선택하는 삶을 살고 있고, 우리가 머무는 공간에서도 그러한 심리를 그대로 드러낸다. 많은 현장을 밟고 상업 공간부터 주거 공간까지 가 보면, 채움이 필요한 곳은 거의 없다. 의뢰인들은 "어떤 것을 두면 더 좋아질까요?"라고 물어보지만, 물건보다는 일단 공간을 비우는 것이 우선일 때가 훨씬 많다.

내가 머무는 공간을 비운다는 것은, 그동안의 욕심스러운 형상을 비워 내고 의미 있는 것들을 더 많이 채울 수 있음을 의미한다. 즉 비워진 공간에 더 쓸모 있는 물건이 들어올 수도 있고, 굳이 물건이 아니더라도 비워진 공간 속에서 여유로움을 찾고 더 생산적인 사고로 삶을 채워 나갈 수 있다.

비우면 채워야 하고, 채우고 나면 다시 비워지는 것이 자연의 순환이다. 이 순환을 잘 실천할 수 있는 대표적인 방법 중 하나가 바로 '환기'다. 환기는 말 그대로 기운을 순환시키는 것을 말한다. 기운을 가둬야 한다는 설명과 상반된다고 느껴질 수 있다. 하지만 좋은 기운이 빠져나가지 않도록 지형이나 구조가 잘 갖춰진 것과, 그 안에서 기운이 잘 순환될 수 있도록 하는 것은 다른 차원의 문제이며, 양립 가능한 개념이다.

풍수를 통해서 더 나은 방향으로 나아가고자 하는 일은 쉽기도 하고 어렵기도 하다. 하지만 쉽게 포기해서는 안 된다. 우리는 단지 원래부터 있었던 법칙을 인식화하기 위한 작업을 하는 것일 뿐, 없었던 무언가를 새롭게 만들어서 배우는 것이 아니다.

풍수 부자로 가는 길

많은 사람들이 자연을 위한다며 수목장을 선택한다. 유럽은 숲을 하나 확보하여 숲에 있는 나무 아래에 수십 명의 유골을 묻는다. 하지만 한국의 수목장은 산을 깎아 만든 곳에 인공으로 된 항아리를 묻고 그 위에 명목상 나무를 심는 것에 불과한 경우가 많다. 진정으로 자연을 위한 일인지 한번쯤은 고민해 봐야 한다.

집의 현관, 안방,
주방이
중요한 이유

　많은 사람들이 궁금해할 것이다. 드라마에 자주 나오는 것처럼 정말로 부자의 공간은 그렇게 화려한지 말이다. 물론 당연히 그런 사람들도 있다. 하지만 극히 지나치게 일부의 사람들이라는 점을 기억했으면 한다. 이번 내용에서는 부잣집과 나의 집의 공통점을 생각하면서, 본질적인 풍수의 구조적 개념을 설명할 것이다.

　풍수 컨설팅을 하면서 참 많은 집을 들여다보았다. 다른 집에 들어가 보는 일은, 그 집의 역사를 읽는 일이다. 공간의 역사뿐만 아니라 그 공간 안에서 살았던 사람들의 과거를 확인하고, 또 앞으로 벌어질 일을 어느 정도 미리 예견하는 일이기도 하다. 그래서인지 사람들의 공간을 풀이하는 일은 너무나도 어렵다.

어떤 분들은 "우리 집은 몇 평 안 되는데, 그냥 대충 싸게 봐 주시면 안 돼요?"라고 이야기하기도 한다. 공간의 크고 작음은 있을지언정, 그 공간에 사는 사람의 중요성에 경중은 없는 법이다. 보이는 것이 중요한 세상에 살다 보니 남들과 비교했을 때 작거나 부족하면, 무조건 경제적 능력이 없는 것으로 간주한다. 물건에만 비교를 하면 괜찮은데, 문제는 스스로의 삶까지도 그렇게 재단한다는 점이다.

집의 크기보다 중요한
양택삼요

사람이 살아가는 공간에서 가장 중요하게 생각되는 공간은 전통적으로 딱 세 곳, 대문(현관), 안방, 주방이다. 이것을 '양택삼요'라고 하는데, 이러한 개념이 정립된 정확한 연대를 알기도 어려울 만큼 오래된 이론이다. 학문적으로 생각하지 말고, 집의 중요 공간으로서 현실적으로 한번 생각해 보자.

대문이나 현관은 당연히 우리가 드나드는 출입구이니 중요할 수밖에 없다. 출입구가 없으면 집 안으로 들어갈 수 없으니까 말이다. 그래서인지는 몰라도 문은 풍수적으로 의미가 깊다. 모든 집의 운은 문을 통해서 들어온다. 풍수에 관심 있는 분들은 대문의 위치만 설정하기 위해서 컨설팅을 의뢰하기도 한다.

다음으로 안방이다. 잠을 자는 공간을 말한다. 우리가 집을 필요로 하는 가장 큰 이유가 바로 잠을 잘 공간이 필요하기 때문일 것이다. 요즘은 안방이라는 개념보다는 침실이라는 개념이 더 적합할지도 모른다. 집 안에서의 생활 형태도 다양해졌기 때문에 무조건 큰 방을 부모님이 쓴다는 식의 대입법도 어긋날 때가 많다.

마지막으로는 주방이다. 잠을 잘 잤으면, 또 잘 먹어야 한다. 음식을 만드는 데 꼭 필요한 불의 위치가 중요하다.

이 세 가지 공간은 수천억대 재벌가의 집이든 5평짜리 원룸이든 동일하다. 즉, 본질적인 풍수 공간의 해석으로 볼 때, 부잣집과 나의 집에 있어서 차이가 없다. 오히려 공간이 좁기 때문에 조금만 신경 쓰면 내가 머무는 공간 전체를 잘 관리할 수 있어 운적으로 더 쉽게 좋은 영향을 받을 수 있다. 내가 머무는 공간이 좁다고 해서 나의 공간에는 풍수의 원리가 적용되지 않거나 혹은 스스로를 작게 생각할 필요가 없다고 말하고 싶다.

반대로 경제적인 여유가 생겨 큰 집으로 이사를 가면 아무래도 활용 공간이 넓어지다 보니, 중정을 두거나, 큰 돌을 놓거나, 특별한 모양의 예술품을 가득 진열하거나, 나아가서 집의 모양이나 구조를 특이하게 하는 경우가 많다.

옷은 한 번쯤 튀는 옷을 입는다고 해도 다시 안 입으면 그만이다. 하지만 집은 그렇지 않다. 집이 복잡하고 특별해질수록 자연적인 주거 원리에서 벗어난 경우가 많다. 지나친 개성을 강조한 공간이 때로는 해가 될 수 있다는 점을 기억하자.

공간을 가꾸고자 하는 마음, 삶을 가꾸고자 하는 마음

30대 중반의 한 여성 의뢰인이 요청하여 비대면으로 새롭게 이사 갈 오피스텔의 풍수 인테리어를 진단해 준 적이 있다. 소극적인 목소리였지만 지금의 삶을 적극적으로 개척하고자 하는 의지가 느껴졌다. 공무원 시험 준비와 더불어 현재 만나는 사람과 좋은 관계를 계속해서 이어 가고 싶은 바람을 갖고 있었다. 현재의 상황이 풍족하지 않음에도 비용을 들여 컨설팅을 받고, 또 삶을 개척하고자 하는 마음이 간절하신 것 같아 더 면밀하게 진단했다.

문을 열면 바로 화장실과 주방이 보이고, 복층에는 침대가 있는 전형적인 오피스텔 구조였다. 그 안에 둘 가구의 배치부터 햇반 놓을 자리까지 하나하나 다 확인했던 기억이 있다.

컨설팅을 진행하고 1년 후 다시 연락이 왔다. 이사를 간 이후 공무원 시험에 합격해 당시 만나던 분과도 계속해서 진지한 만남을 이어 가고 있다고 한다. 이제는 조금 더 넓은 단독 주택으로 들어가게 됐고, 이번에도 들어가기 전에 집의 현재 상태를 파악하고 또 방 배치와 침대 배치 등 풍수 인테리어 진단을 세부적으로 진행했다.

컨설팅 여부를 떠나 나의 공간을 잘 가꿔 나가고자 하는 의지는 분명 효과를 본다는 것을 이 사례뿐만 아니라 많은 의뢰인들을 만나며 느꼈다. 물건의 위치를 옮기는 것으로 삶이 180도 바뀌지는 않지만, 물건의 위치를 옮기는 것에서부터 삶은 바뀌기 시작한다. 어떠한 형태이든 어떠한 평수에 살든 상관없이 그 공간과 공간 속에 있는 모든 것들을 돌아보고 마음을 두기 시작한다면, 그때부터 그곳은 부잣집이 된다.

풍수 부자로 가는 길

좁은 공간일수록 침대 혹은 잠을 자는 공간이 차지하는 비율이 높다. 아무리 공간을 줄인다고 해도 내가 누울 공간 자체를 줄이는 것은 불가능하기 때문이다. 풍수적으로 좋은 침대 방향이 분명히 있지만, 스스로 좋은 잠자리를 만들어 내는 것도 중요하다. 침대 주변의 물건을 정리해 어수선함을 줄이고, 침대의 위치를 한번씩 바꾸면서 스스로에게 맞는 침대 위치를 정해 보자.

건물의
입구를 확인하자
서울 사옥 컨설팅

　서울에 있는 한 기업체에서 연락이 왔다. 주식 상장이 되어 있는 코스메틱 기업이었다. 회사의 이사님이 대표님의 요청으로 현재의 사옥을 점검하고 경영에 도움이 될 수 있는 방안이 없는지 자문을 구했다. 무더운 여름날 현장에 도착해 보니 10층 이상의 큰 건물 전체를 사옥으로 쓰고 있었다. 형태가 조금 이상하긴 했지만 이미 지어져 있는 상태이니, 건물의 모양을 변동할 수 없는 일이었다.

건물의 모양을
확인해야 하는 이유

풍수에서는 '건물의 모양'도 중요하게 작용한다. 예를 들어 사람의 얼굴을 생각해 보자. 굳이 관상까지 갈 필요 없이, 우리는 사람의 생김새만으로 성격을 유추하기도 한다. 공간도 마찬가지다. 원형으로 된 공간은 공간의 기운이 원만하게 잘 돌아가는 것을 의미하고, 8각형의 공간은 가장 기운이 충만한 형태로 해석된다. 만약 직사각형의 공간 한쪽에 요철이 있다면, 그것만으로도 길흉의 작용을 알 수 있다. 멀쩡한 얼굴에 혹이 하나 붙어 있으면 흉해 보이는 것과 같은 이치다.

직원들이 없는 일요일에 출장을 갔는데, 이사님과 회사 주요 간부로 보이는 몇 분이 함께 나왔다. 사옥 입구에 들어서니 입구에 걸려 있는 큼직하고 묘한 구조물이 눈에 먼저 들어왔고 거부감이 느껴졌다.

사옥도 그렇고 아파트 단지나 지자체에서 예술가의 조형물을 배치하거나 걸어 두는 모습을 자주 볼 수 있다. 대부분 금속으로 이루어져 있는데, 금이라고 하는 속성은 기본적으로 '충돌'을 의미한다. 유용한 도구가 될 수도 있지만, 그 모양이 정갈하지 못하고 형태가 오묘하다면, 보이는 느낌처럼 공간의 기운을 조화롭게 하지 못하고 모양의 형태와 같은 기운을 전달한다.

　1층에 있는 구조물을 치우고 깔끔한 이미지 혹은 회사의 상징을 나타낼 수 있는 것으로 바꾸기를 권해드렸다. 대개 사옥의 건물이나 큰 호텔은, 입구가 훤히 드러나 있는 모습을 보기 어렵다. 대한민국에서 손꼽히는 신라호텔, 워커힐이 대표적인 예다. 호텔을 찾는 손님들이 차를 타고 물처럼 들어와 물처럼 돌아나갈 수 있는 동선을 만들었고, 원형의 형태를 띨 수 있도록 입구에 조경수나 분수를 조성하여 실질적인 건물의 입구가 보이지는 않는 구조다.

공간의 충돌은
기운의 충돌이다

　소중한 것은 가려야 하는 법이다. 나의 삶을 풍족하게 만들어 주는 운은 인생에서 가장 소중한 것 중 하나다. 운이 들어오는 통로는 VIP가 들어오는 통로와 같이 사적인 느낌을 갖는 게 중요하다. 운이 드나드는 통로가 훤히 드러난다면 좋다고 보기 어렵다.

이렇게 이야기하면, 아마 도로변에 바로 입구가 난 상가들은 다르지 않냐고 생각할 것이다. 맞는 말이다. 풍수의 이론은 자연의 이치이기 때문에 모든 공간에 적용할 수 있으나, 또 한편으로는 사람의 생김새처럼 건물이나 공간의 생김새도 다 다양하기에 그것을 세부적으로 적용하는 것이 어렵게 느껴질 수도 있다. 하지만 작은 공간이라고 해도 그 입구가 문이 안으로 열리는지 밖으로 열리는지, 문이 어느 쪽에 배치되는지, 문을 열고 들어왔을 때 무엇이 보이는지 등 세부적으로 다시 적용이 가능하다.

기운은 함께 어우러져 교감을 이룬다. 태극기 가운데에 있는 태극 모양을 떠올리면 쉽게 이해될 것이다. 붉은색과 파란색의 두 부분이 반으로 뚝 잘려져 있어 서로 극과 극에 있었다면, 기운의 조화를 이야기할 수 없다. 하지만 물 흐르듯 흘러가는 기운을 물결처럼 표현하였으니, 이것이 태극기의 우수성이자 기운의 가장 대표적인 모습이다.

그렇게 봤을 때 직선으로 마주한 공간은 기운의 충돌을 의미한다. 만약 도로가 호텔 입구를 향해 바로 직선으로 들어오면, 그것은 기운의 충돌을 의미하며 풍수적으로도 상당히 좋지 않은 입지 요소 중 하나다.

현장에 나온 간부들은 나무나 조경을 궁금해했지만, 궁극적으로는 입지와 터의 기운, 건물의 구조물, 세부적인 공간 배치 등을 종합적으로 확인해야 했다. 가장 기반이 되어야 할 입지와 터의 기운이 좋지 않다면, 사옥 옥상이나 앞에 다른 나무를 심거나 변화를 준다고 해도 크게 달라지지 않기 때문이다. 당시 사옥의 건물은 기본적인 화장실 배치의 잘못과 건물의 안정적이지 못한 모양이라는 큰 문제가 있었다.

회사나 공장, 기타 상가 등 상업적인 공간을 컨설팅할 때 중요하게 생각하는 것은 풍수의 역량도 있지만 본질적인 경영 개선이다. 아무리 터가 좋고 구조가 좋다고 해도 그 안에서 경영을 제대로 못한다면 아무런 의미가 없다.

음식점을 예로 들어 보자. 풍수 전문가가 처음부터 좋은 땅을 선정해 주고, 좋은 구조로 식당을 만들어 준다고 해도, 맛이 없으면 손님이 없는 것과 같다. 물론 좋은 터에서 좋은 생각이 나고 좋은 사람이 나는 법이다. 하지만 그 터의 기운을 받기 위해서는 현실적인 노력도 함께 동반되어야 하는 것을 늘 강조한다. 풍수는 자연의 이치이지만, 현실적인 노력과 생활에 대한 철학이 없다면 그것을 유지하기 어렵다.

회사 간부 중에는 억지로 나온 사람도 많아 보였다. 다양한 사람들을 접하다 보면 말하지 않아도 느껴지는 것들이 있다.

'우리 회사 대표는 미신에 빠져 있구나'라는 생각을 하고 있을지 모른다. 하지만 회사의 대표님은 경영은 경영대로 운은 운대로 신경 쓰는 모습을 엿볼 수 있었다. 앞으로 회사의 미래는 알 수 없지만, 사방팔방으로 개선하고자 하는 모습을 봤을 때 분명 계속 발전하지 않을까 기대되었다.

풍수 부자로 가는 길

양옥 형태의 집 모서리가 나의 집의 정면을 향하고 있다면 이것은 나를 향하는 화살촉과도 같다. 이러한 운의 작용을 보통 '충살'이라고 표현한다. 특히 '타워형 아파트'에서 많이 나타난다. 요즘은 건물의 배치가 일률적이지 않아서 내가 사는 집의 발코니를 기준으로 했을 때 건너편 건물의 모서리가 정확히 나의 정면을 향하는 경우가 있다. 이러한 곳에 살게 될 경우, 말 그대로 '살'을 맞기 때문에 외부와의 충돌 등 다양한 부정적인 일이 일어날 확률이 높아진다.

자연과의
어울림
가창 타운하우스 컨설팅

젊을 때에는 모르나 나이가 들수록 전원주택에 관심을 갖고, 젊을 때에는 과감히 죽어서 화장을 하겠다고 하나 나이가 들수록 화장보다는 매장에 대한 생각이 조금씩 더 드는 것, 그것은 자연 속에 있는 인간의 동물적 본능일지도 모른다. 기술 개발은 너무나도 빠르게 진행되고, AI의 자체 개발 속도가 너무 빨라 개발자들마저도 개발 행위를 중단해야 된다는 선언을 하고 있는 요즘이다.

기술이 아무리 발달한다고 해도, 밤과 낮이 변하지 않는 것처럼 자연의 원칙은 그대로 적용된다. 그중에서도 대표적인 것이 바로 모양에 대한 내용이다. 풍수에서 집의 모양과 위치가 참으로 중요하다.

녹지가 많다고
무조건 좋은 곳일까?

대구 인근 지역의 타운하우스를 감정한 적이 있다. 정확한 의뢰인의 사연은 모르나 남편분과 자녀에게 건강상의 문제가 있지 않을까 하는 짐작이 들었다. 날이 좋은 봄날 현장에 갔는데, 10개동 이내의 작은 타운하우스였다. 그 안에서 어떤 곳을 정하면 좋을지 그리고 본질적으로 그곳에서 살아도 될지를 알고 싶어 하셨다.

전체적으로 지형은 나쁘지 않았다. 다만 해당 터에 예전에 무덤이 있지 않았나 하는 의심이 들었다. 건물은 너무나도 깔끔하고 좋았다. 지하층을 주차장으로 쓰고, 지상을 4층 정도로 올려놓았는데 안타깝게도 지형을 전혀 활용하지 못한 형태였다. 물론 이런 이야기를 하는 것이 시류에 맞지 않을지도 모르나, 시류가 변한다 한들 원칙이 변하지는 않는다.

내가 좋아하는 의자에 비유를 한번 더 하겠다. 우리는 보통 앉을 때 등받이를 등에 대고 앉아야 편안함을 느낀다. 반대로 등받이를 가랑이 사이에 두고 앉으면 불편함을 느낄 수밖에 없다. 집도 마찬가지다. 해당 타운하우스의 경우에도 산의 비탈진 토지를 살리고자 땅을 메우고 필지의 가장 앞부분에 건물을 지어서 올리니, 언뜻 현장을 보면 마당이 넓어 편안하게 느껴질지는 모르나, 주거지로서의 안정감을 느끼기에는 부족함이 있었다.

물론 창문을 열면 훤하게 산이 보이니 '산뷰'라고 할 수 있을지는 모르나, 매일 등받이만 바라보는 삶과 다르지 않을 것이다. 건축적으로는 토지에 대한 활용도가 높고 뒷마당을 넓게 두면서 친자연적인 느낌이 들지 모르나, 궁극적으로 풍수의 원칙, 즉 자연의 흐름과는 역행하는 형태의 모양이니 안정감을 느끼면서 지내기가 어려울 것이다.

사실 요즘 이런 형태로 주택을 짓는 경우가 상당히 많다. 이렇게 집을 지으면 우선 외부와 담을 쌓는 것과 같아서 온전히 독립된 공간을 마련한 기분이 든다. 그리고 그 건물 뒤로 펼쳐지는 녹지 덕분에 개인 정원을 품은 것같이 느껴진다. 만약 조금 더 큰 형태의 사옥이나 공동주택이라면 조금은 그 의미가 옅어질 수 있지만, 땅의 기운을 직접 받는 한 채의 개인

3장 땅 위에 있는 것들의 중요성

▲ 타운하우스 뒷마당 모습

▲ 타운하우스 안에서 바라본 뒷산의 모습

주택에서는 좋게 해석되기가 어렵다. 담장을 넓게 만들어서 담장만 바라보고 사는 것이기 때문이다. 자연을 누리는 것은 좋지만, 일단 내가 앉은 자리가 안정되어야 한다는 점을 여러 번 앞에서도 강조했다. 땅의 기운을 직접 받는 곳에 집을 지어야 훨씬 안정된 형태라 할 수 있다.

　해당 공간을 바꿔 보자면, 1층 혹은 지하층을 차고로 만들어서 쌓아 올리고 주거용 공간은 산 쪽으로 배치해 지하층을 위해서 쌓아 올린 공간을 마당으로 활용하는 것이 가장 좋아 보였다. 문을 열었을 때 나무가 보이고 산이 바로 보인다고 해서 단순히 다 좋아해서는 안 될 일이다. 그 산이 나를 가로막는 역할을 한다면, 그것은 나를 막는 장애물일 뿐 자연을 품은 주거 공간이라고 하기 어렵다.

　많은 사람들이 해가 잘 드는 남향을 선호하다 보니, 주택을 공급하는 사람 입장에서 어떻게든 남향의 주택을 많이 만들어 내기 위해 노력할 수밖에 없다. 하지만 무리한 남향에 대한 편향이 오히려 그 주택에서 삶을 누리게 될 소비자에게 장기적인 해가 될 수 있다. 집을 선택하는 입장에서도 주변 지형에 맞게 잘 지어진 집이나 아파트를 선택해야 진정으로 편안하게 지낼 수 있다. 자연의 원리를 지켜나가는 것이 순풍을 이용하는 것이라는 점 그리고 그렇게 했을 때 진정으로 오래도록 평안하게 지낼 수 있다는 것을 기억하자.

풍수 부자로 가는 길

집 주변에 온통 산이 보이는 '숲세권'은 과연 좋기만 할까? 풍수적으로 봤을 때 삼면이 골바람을 치는 산세라면 좋다고만 말할 수 없다. 아무리 자연이 좋고 숲이 좋아도, 골바람을 이겨내는 사람은 없다. 골바람은 식별이 어렵지 않다. 산과 산 사이로 골이 져 있는 사이에 있는 땅과 집을 피하면 된다.

풍수에서
바위가 뜻하는 것
송하 자연미륵불

풍수에서 바위는 여러 의미로 해석된다. 특히, 죽은 사람의 묘를 다루는 음택풍수에서는 묘 주변에 있는 바위의 모양과 위치에 따라서 다양한 해석이 가능하고, 그것이 자손들에게 영향을 미친다고 보고 있다.

흥미로울 듯하여 몇 가지만 언급하자면, 돌이라는 존재는 오행의 요소로 봤을 때 '금金'을 의미하며 쇠붙이로서의 성질을 지닌다. 우리가 칼을 잘 활용하면 유용한 도구가 될 수 있지만, 잘못 사용하면 흉기가 된다. 음택풍수에서 바위가 그런 역할을 한다. 명당을 중심으로 산 아래에 퇴적층이 그대로 드러나 있는 모습은 전체적인 보국(쉽게 말해 주변 지형을 의미)의 차원에서 봤을 때, 기운이 빠져나가지 않도록 지켜주는 것이라고 말할 수 있다.

만일 유골과 돌이 맞닿아 있는 위치가 허리라면, 자손들에게도 허리 부위에 질병, 디스크 등의 문제가 생길 수 있다. 또한 산봉우리에 튀어나온 암석 부분이 멀리서 봤을 때, 나를 향해서 공격하듯이 모양을 갖추고 있고 흉하게 생겼다면 조심해야 한다. 산의 기운을 받거나 산이 보이는 곳에 집이나 묘를 쓰게 될 때, 그곳에서 폭력적인 사건이 일어나거나 폭력성을 가진 사람이 태어날 수 있기 때문이다. 실제로 이러한 형태로 이루어진 산세 사이로 난 도로에서 교통사고가 많이 일어나는 모습을 볼 수 있다. 또한 전직 대통령 조상 산소 주변에도 이러한 돌의 형태 때문에 그 자손이 흉한 사고를 당하기도 했다.

이처럼 득이 될 수도 있고 해가 될 수도 있는 것이 돌이라는 속성을 가진 물질이다. 음택에 대한 이야기는 보통의 경우 접할 일이 없다 보니 더 비과학적이고 미신처럼 들릴 수 있다. 하지만 풍수와 자연의 가치를 알게 된다면 절대 음택풍수를 가벼이 여길 수 없을 것이다.

소원을 이뤄 주는
송하 자연미륵불

예로부터 기이한 형태의 바위나 자연물은 사람에게는 숭배의 대상이 되어 왔다. 인간이 의미를 부여하기 전에도, 말로 설명할 수 없는 의미로 다가오는 경우도 많았을 것이다. 그 선후를 알 수 없지만, 실제로도 그러한 곳을 다녀온 뒤 좋은 일이 일어났다고 하는 사람들이 많다. 일진이 좋아서였을 수도 있다. 보통 단순히 흥미롭게 생각하여 기도처라기보다는 일종의 관광지로서 방문하지만, 어쩌면 그러한 움직임마저도 자연의 강렬한 이끌림이 있어서가 아닐까.

수많은 의뢰인들의 공간을 다녀보고 또 연구를 위해서 이름난 장소들과 사찰, 산소를 찾아다닌다. 그러다 보면 분명 기이한 공간이 있음을 부인할 수 없다. '소원명당'이라는 키워드를 처음 만들어서 유튜브 영상을 만들기도 했고, 실제로도 의미 있는 공간을 회사 차원에서 소개하고 있다. 그중에서 가장 의미 있는 곳은, 십여 년 전 처음으로 나의 집안에서 발견한 '송하 자연미륵불'이라는 곳이다.

자연 속에 숨어 있었던 바위의 형태가, 마치 부처님의 형상

▲ 부처의 모습처럼 보이는 송하 자연미륵불

혹은 어머님의 모습을 지녔다고 하여, 송하 자연미륵불이라고 불리는 곳이다. 영상으로 나간 이후 신기하게도 많은 사람이 찾아가고, 특히 무속인들이 그렇게 많이 찾는다고 한다. 아이러니하지만 무속인들이 의미 있게 생각한다면, 나름 기운적인 의미를 생각해 볼 만한 곳이 아니겠는가.

책을 쓰기 위해 송하 자연미륵불뿐만 아니라 앞서 말한 의령 솥바위에 다시 찾아갔는데, 무속 행위를 하지 말라는 현수막을 발견했다. 사람이라는 존재는 바라는 게 참 많은 것 같다. 그리고 평생 원하기만 하다가 끝이 나는 것 아닐까 하는 생각이 들었다. 바라는 마음은 길지만, 성취의 순간은 찰나처럼 지나가고, 이러한 과정이 평생 이어진다. '부富'를 원하는 우리의 마음이 꼭 그러하다. 지금 가진 빚을 다 해결하고 아이가 원하는 선물을 부담 없이 사줄 돈만 있으면 더 바랄 게 없을 것 같지만, 그 이후에는 또 다른 바람이 어김없이 등장한다.

글을 보고 의령 솥바위 혹은 송하 자연미륵불에 한번 가보고자 마음먹었다면, 한 가지 당부하고 싶다. 더 갖고자 하는 마음을 비는 것과 더불어서 지금 가진 것을 돌아보고 감사하는 마음까지 전하고 오길 바란다. 분명 다녀온 후 삶이 더 풍족해질 것이다. 감사의 영역을 나 하나뿐만 아니라 가족, 주변, 내가 속한 나라, 발붙이고 있는 이 땅 모두로 확장해 보길 바란다.

풍수 부자로 가는 길

'비석비토'라는 말이 있다. 흙도 아니고 돌도 아닌 것처럼, 단단하게 뭉쳐진 흙이 있는 땅을 말한다. 땅을 파고 밟았을 때, 발바닥으로 느껴지는 땅의 단단함과 흙의 엉김의 차이를 통해서도 땅의 기운을 짐작해 볼 수 있다. 흙이 단단하게 엉겨 있고 색이 검지 않을수록 좋은 땅일 확률이 높다.

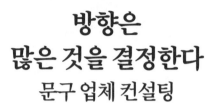

방향은
많은 것을 결정한다
문구 업체 컨설팅

　이름을 들으면 누구나 들어봤을 법한 문구업체에서 연락이 왔다. 현재의 사옥을 짓고 들어와서부터 급격히 회사 경영이 어려워지고, 내부적으로 직원들의 관계에서 복잡한 사건이 많아졌다는 내용이었다. 대를 이어서 경영을 하고 있는 한 회사가 흔들리고 있다니, 참으로 안타까운 일이다. 그 공간에 어떤 문제가 있는지, 개선할 수 있는 부분은 없을지 확인하러 갔다.

풍수로 보는
방향의 의미

풍수를 공부하다 보면, 동서남북과 그 사이에 들어가 있는 방향이 참 무섭다는 사실을 알게 된다. 각 방향마다 정해진 의미가 있고, 방향적인 실수를 범하게 됐을 때 큰 피해를 입을 수 있기 때문이다. 방향에 관한 이야기는 교육을 하는 입장에서 상당히 조심스럽다. 각 방향을 알려줘도 그 기준을 제대로 적용하지 못하면 잘못된 방향 설정을 할 가능성이 있다.

보통 집의 중앙에서 기준을 설정해야 한다. 하지만 마당이 있는 경우 또 집의 모양에 따라서 집의 기준점을 정하는 기준은 달라진다. 그러다 보니 유튜브 영상이나 블로그 등에서 방향을 이야기할 때 일반적인 방향에 대한 이야기도 조심하게 되는 것이 사실이다. 풍수 지식을 잘못 적용하면 그에 따라서 개인과 한 가족의 삶이 순식간에 나빠질 수 있기 때문이다.

그럼에도 한 가지 알아두면 좋을 것은, '절대향'과 '상대향'의 개념이다. 절대향은 해가 동쪽에서 뜨는 것처럼 어떠한 공간에도 동일하게 적용될 수 있는 방향을 의미한다. 예를 들어 선조들은 대부분의 집에서 자녀가 태양의 기운을 받고 공부해서 출세할 수 있도록, 동쪽에 방을 내어주셨다. 동쪽은 나

무이자 봄을 상징하며 장남을 의미한다. 이런 절대향과 반대
되는 것이 상대향 개념이다. 예를 들어 집의 구조의 길흉을
판단할 때 주로 '동사택 서사택 이론'을 활용한다. 동사택으로
된 집을 지을 때 서사택의 방향에 양택삼요가 위치하는 것은
좋지 않다는 이론이다. 즉, 집에 따라서 방향의 의미가 달라
진다.

이러한 개념이 혼재되어 있기 때문에, 신빙성이 떨어지는
풍수 정보를 듣고 방향을 이해하고 삶에 접목하는 것은 참으
로 위험한 일이다. 풍수의 중요성을 알고 풍수를 개인의 삶에
적용하고자 한다면, 정확하게 검증된 교육기관 혹은 검증된
전문가에게 교육받아야 한다. 그러면서도 끊임없이 비판적
인 견해를 유지하며, 나의 배움이 맞는지를 돌아보면서 꾸준
히 공부해야 한다.

사무실 주요 보직은
서북 방향에

이렇게 방향에 대해서 장황하게 이야기한 이유는, 본 사례
의 경우 방향의 요소가 크게 좌우했기 때문이다. 절대향의 개

넘으로 보자면 팔방위에서 서북 방향은, 주역의 원리로 봤을 때 아버지를 의미한다. 그래서 일반적인 절대향만 적용하면, 한 사무실에서 대표나 주요 보직의 경우에는 서북 방향에 방이나 자리를 마련하는 것이 좋다.

문구업체의 경우 직원들이 불법적인 일까지도 저질러서 한차례 내부 인사가 크게 변동되었고, 가업을 이은 대표님께서 새롭게 조직 개편을 했지만 다시 유사한 문제들이 터졌다고 한다.

우선 지어진 사옥의 본질적인 구조를 개편하는 것은 어려운 일이었다. 그래도 이렇게 직원들과의 갈등이 많은 곳이라면, 절대적으로 서북 방향을 지켜내는 것이 우선시되어야 한다. 그래서 서북 방향으로 대표님 방을 옮기도록 하였고, 그 공간에 외부의 기운이 충돌하지 못하도록 문의 방향을 설정하였다. 그 이외에도 여러 가지 처방을 하고, 또 이야기를 나누면서 컨설팅을 마무리했다.

추후 그 대표님과 조상 산소 감정을 위해 다시 만나게 되었는데, 컨설팅을 받고 사무실 배치를 변경한 후 확실히 직원들의 분위기가 전과는 다름을 느꼈고, 업무 지시가 수월해졌다는 이야기를 들었다. 방향의 변동이 잘 맞아떨어진 사례였다.

많은 분들이 풍수는 사람마다 말이 너무 달라서 혼란스럽다고 이야기한다. 충분히 공감한다. 그런데 이러한 혼란은 어제오늘 일이 아니다. 조선시대에도 그러한 기록을 찾아 볼 수 있다. 그만큼 연구하는 이의 마음과 그것이 적용되는 대상들의 차이가 크기 때문이라 생각한다.

그렇다고 풍수의 본질적인 가치가 부정될 수는 없다. 《주역》에는 '천지유상 불가역야天地有常 不可逆也'라는 말이 있다. 하늘과 땅에는 일정한 법칙이 있어서 그것을 거스를 수 없다는 의미다. 풍수를 삶에 적용하는 것에 대한 논란은 앞으로도 끊이지 않을 것 같다. 하지만 자연의 이치를 삶에 적용한다는 의미에서 풍수의 가치는 더욱 높아질 것으로 예상해 본다.

풍수 부자로 가는 길

풍수에서 가장 기본적으로 방향을 나누는 기준은 8방위이다. 특히 집을 짓는 양택의 내부 구조는 여덟 방위의 범위 안에서 이루어지는 조합으로 가장 좋은 구조를 만들어 낼 수 있다. 《산림경제》에서도 서북에 앉아 있는 집일 경우, 동북 방향으로 난 대문일 때 좋은 운이 들어오고, 남쪽으로 난 대문일 때에는 좋지 않음을 강조한다.

집의 평수보다
중요한 것
경남 전원주택 컨설팅

풍수는 공간의 학문이자 시간의 학문이다. 우리는 보통 공간만 집중하다 보니, 시간에 대한 중요성을 잊고 지낼 때가 많다. 현대인들보다 자연에 순응하는 삶을 살았던 선조들은 자연의 변화에 맞춰 삶을 잘 활용하였다.

《동국세시기》,《경도잡지》등 옛 풍속을 기록해놓은 서적들을 보면, 때에 맞는 음식을 먹는 것을 항상 강조한다. 자연의 변화에 따른 그 시점의 기운을 머금은 제철 음식을 먹는 행위는, 그 시절의 기운을 인간의 몸에 담는 것을 의미한다.

자연의 변화를 느끼고, 그에 맞는 음식을 먹으며 사는 삶은 진정으로 잘 살 수 있는 방법 중 하나다. 흘러가는 시간에 '나'라는 존재의 배를 띄워 자연의 순풍을 맞이하는 것, 이것이 풍수를 통해서 우리가 잘 살 수 있는 이유이자 본질이다.

징조를 놓치면
안 되는 이유

이번에는 경남에 있는 전원주택 감정을 다녀온 사례를 이야기해 보려고 한다. 사모님께서 해당 주택에서 20여 년 가까이 지냈는데, 얼마 전부터 집에 이상한 일이 일어나서 이 집에서 계속 살아도 될지 고민이라는 의뢰였다.

작은 마을 끝으로 들어가니, 두 분의 명패가 있는 큰 대문이 열리면서 집 안으로 들어갈 수 있었다. 부지는 대략 1,000평 정도였고, 경사가 있는 땅이어서 마치 외곽지에 있는 대형 카페에 들어가는 기분이었다. 대표님 내외 두 분이 거주하고 계셨는데, 두 분 다 환갑을 넘긴 상황이라 집 안 관리가 어려운 것을 포함해 고민이 많아 보였다.

그중에서도 이사를 고민하게 된 가장 큰 이유는, 컨설팅을 요청하기 전에 외부인이 집 안으로 침입하는 일이 발생했기 때문이었다. 잘 알고 있던 지인이 그런 일을 벌여서 충격이 크셨던 것 같았다. 얕은 야산을 뒤로 안고 펼쳐진 주택 부지였기 때문에 외부의 침입을 절대적으로 막는 게 쉽지 않아 보였다.

일상 속에서 징조가 나타나는 경우가 많다. 아니, 어찌 보면 징조는 항상 있는데, 우리가 그것을 인지하지 못한다는 말이 더 맞을 것 같다. 대표적으로 자연 재해가 발생할 때 동물과 곤충이 먼저 움직이는 것만 봐도 알 수 있지 않은가. 사람의 일도 그렇다. '미묘재지微妙在智'라는 말이 있다. 미묘한 것

▲ 야산을 뒤로 안고 펼쳐진 의뢰인의 주택

들 속에서 진정한 지혜가 있다는 뜻이다. 옛날 성인과 일반인을 나누는 기준 중 하나는, 미묘함을 잘 알아차리는 것이었다.

해당 의뢰인은 징조를 놓치지 않은 경우에 해당한다. 지금 집이 너무 마음에 들어 집 옆에 있는 빈 땅에 자녀의 집까지도 지을 계획을 세우고 있었다. 하지만 외부인의 침입이라는 징조를 놓치지 않고, 컨설팅 의뢰를 한 것이다.

집의 평수보다
더 중요한 것

그런 사건을 떠나서 해당 주택 부지는 두 분이 더 긴 세월을 지내기에는 적합해 보이지 않았다. 우선 공간이 너무 넓었다. 집의 크기도 큰 편인데, 사모님께서 워낙 깔끔하신 성격이라 관리하는 것에 너무 많은 힘이 들어간다고 하셨다. 처음에 주방에 갔을 때 주방이 너무 깨끗해서 주방에서 요리를 하지 않는 줄 알았을 정도였다.

옛날에는 한 개인에게 맞는 평형이 정해져 있다고 보았다. 그래서 보통 4인 기준으로 25평이면 충분하다고 여겼다. 고궁과 고택을 가 보면 쉽게 알 수 있다. 물론 조상님들의 체구

▲ 사용하지 않는 것처럼 깨끗한 주방의 모습

가 작기도 했지만, 한 개인이 누릴 공간을 현대인보다는 좁게
설정하였다.

　종종 가족 구성원 수에 비해 평수가 너무 넓은 것은 아닌
지, 어떤 평수가 적당한지에 대한 질문을 받는다. 결론적으로
말하자면 그 공간에서 사는 사람들의 역량에 따라 다르다. 나
는 이것을 '집을 경영하는 능력'이라고 말한다. 설령 1인이라
고 해도 60평을 너무나도 잘 사용하고 모든 공간을 잘 사용
한다면, 넓은 평형에 가도 상관없다. 컨설팅을 나가 보면, 종
종 휑한 느낌이 드는 집이 있다. 이런 집은 집주인의 경영 역
량이 그 공간을 다 채우기에는 부족하다는 뜻이다. 욕심낼 것

없이 작은 평형으로 가기를 추천한다.

이 의뢰인의 집도 잘 관리되고 있긴 했지만, 전반적으로 생기가 느껴지지 않았다. 두 분이 지내기에는 집이 너무 컸다. 또한 두 분 다 현재 집에서 20년 가까이 지냈다는 점이 마음에 걸렸다. 이미 그 집을 통해서 축적된 운이 20년 정도이기 때문이다. 만약 내가 하룻밤 머무르는 호텔의 기운이 좋다면 좋은 기운이 하루만큼 쌓인다고 생각하면 된다. 반대로 나쁜 기운이 흐르는 공간이라면 나쁜 기운이 나에게 하루 만큼 쌓인다.

한 집의 경우에도 길흉은 다양하게 펼쳐진다. 영양의 불균형과도 같다. 철분이 부족한 식단을 20년 동안 이어온다면 분명 몸속에서 그와 관련된 부작용이 일어날 것이다. 운도 마찬가지다. 한 집에서도 그런 식으로 운의 편차가 있을 수 있는데, 좋은 집이라면 전반적으로 잘 감내하고 넘어갈 수 있지만, 부족함이 조금 더 많은 집이라면 그것을 사람이 감내하는 게 쉽지 않다.

이미 이 집에 세월의 누적치가 쌓였다는 점 그리고 두 분의 나이가 적지 않다는 점 등을 고려해서, 이제는 이사를 가는 것이 좋겠다고 말씀드렸다.

우리가 공간을 통해서 운을 받을 수 있는 이유는 시간이 흘러가는 덕분이다. 만약 시간이 흘러가지 않는다면 한 순간의 운으로 우리의 삶이 결정되는 것이다. 책을 읽는 것과도 같다. 내가 오늘 한 페이지의 책을 읽는다고 해서 바로 시험에 합격하지는 않는다. 책을 읽는 시간이 쌓였을 때 자연스럽게 지식이 쌓이는 것처럼, 좋은 공간에서 좋은 일이 생기기까지 시간이 필요하다.

풍수 부자로 가는 길

징조에 대한 영역은 신비로운 경우가 많다. 나의 경우에도 출장 전에 얼굴도 모르는 의뢰인과 관련된 꿈을 미리 꾸는 경우도 있었다. 과학적으로 설명되는 부분은 아니지만, 분명 여러 의미가 있을 것이다. 좋은 일이든 나쁜 일이든 나에게 어떤 일이 일어나기 전에는 운의 변화로 인한 작은 징조가 나타나기 시작한다. 그것을 알아차릴 수 있다면, 크게 일어날 나쁜 일이 작게 지나갈 수도 있다.

3장   땅 위에 있는 것들의 중요성

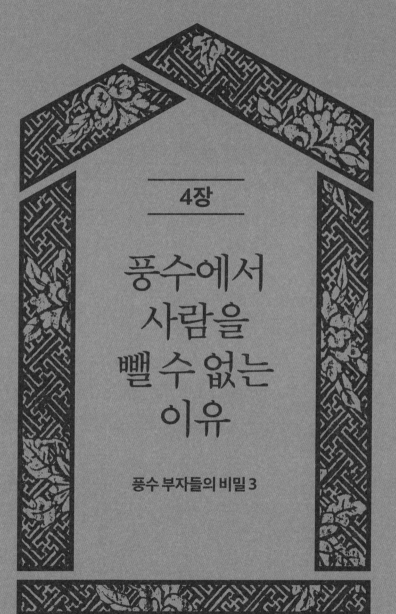

4장

풍수에서
사람을
뺄 수 없는
이유

풍수 부자들의 비밀 3

운이
좋아하는 사람,
운이 싫어하는 사람

풍수로 부자가 될 수 있는 마지막 비밀은 바로 사람이다. 전통적인 풍수관으로 보자면 사람은 자연에 의존하는 존재다. 자연의 작용에 의해서 기운이 발현되고, 그 기운을 받으면서 자신의 운명을 만들어 나간다. 하지만 사람은 자연을 적극적으로 활용할 수 있는 능동적인 존재이기도 하다. 스스로 좋은 자리를 선정할 수 있으며, 때에 따라서 거처를 옮길 수도 있다.

《청오경》의 마지막에는 이런 구절이 나온다.

찰이안계 회이성정 약능오차 천하횡행

察以眼界 會以性情 若能悟此 天下橫行

눈으로 자세히 살피고, 정성스럽게 마음을 모아, 이를 깨달아 터득할 수 있다면, 이 세상을 뜻대로 살아갈 수 있다는 의미다. 우리가 진정한 의미의 부자로서 뜻하는 대로 살고 싶다면 눈에 보이는 것뿐만 마음의 깨달음이 있어야 한다는 뜻을 담고 있다.

많은 사람들이 풍수를 미신 혹은 단순한 술법으로 생각한다. 하지만 《청오경》을 비롯한 많은 풍수서에서는 고금을 막론하고 인성론적 자각을 항상 언급하고 있다. 풍수의 확장성을 발견할 수 있는 부분이다. 현대를 살아가는 지금의 사람들에게도 풍수가 의미 있는 이유는, 바로 이러한 도덕적 가치관 때문이다.

풍수를 현업으로 하는 일선에서 봤을 때에도 사람의 됨됨이가 가장 중요하다는 것을 체감한다. 좋은 땅과 좋은 사람이 이어질 수밖에 없는 것은 당연한 이치다. 땅을 찾는 사람은 당연하고, 땅을 찾아 주는 사람의 성품도 중요하기 때문에 나 스스로도 인성 개발을 위한 노력을 부단히 하고 있다.

운이 들어와야
부富가 들어온다

풍수 부자로 살아가는 사람은 돈만 많은 사람이 아닌 운이 좋은 사람 혹은 좋은 운이 가득 쌓여 있는 이를 말한다. 운의 특성 중 하나는 연결 작용이 강하게 일어난다는 것이다. 그래서 정신적인 인성을 개발하는 것뿐만 아니라, 육체적인 맑음을 유지하는 것 또한 좋은 공간과 살아갈 수 있는 중요한 방법 중 하나다.

예전에 음택지 감정을 의뢰했던 분은 공장을 크게 운영하는 대표님이었다. 압구정 현대 아파트에 거주하고 계셨지만, 연식이 오래된 소나타를 타고 오시는 모습을 보고 그분의 성품을 대강 짐작할 수 있었다. 일을 마치고 인근 식당에서 함께 식사를 했다. 대표님은 흰쌀밥과 물 그리고 소금으로만 식사를 하셨다. 평소 단식 혹은 선식을 주로 하는 분일 텐데 식사를 대접하고자 일부러 밥을 드셨던 것으로 보인다. 부자들이라고 해서 매일 오마카세에서 식사를 하는 것도 아니며, 모두 벤츠나 BMW를 타고 다니지도 않는다.

우리가 부자로 살고 싶은 이유는 자유로움을 얻기 위함이 가장 크다. 내가 원할 때 원하는 일을 할 수 있고, 내가 원하는 것을 먹을 수 있는 자유. 하지만 자유의 진정한 의미를 대부분 오해하고 있다. 경제력이 생기면 누군가의 위에 서려고 하고, 내 몸에 이로운 것이 아닌 본능적이고 충동적인 행위와 식사로 삶을 이어가려 한다. 물론 이것이 스스로의 행복을 위하는 일이라고 하면 굳이 말릴 수 없다. 하지만 부의 축적이 지속될 수 없음은 당연하거니와 마르지 않는 욕망을 채우려 하다 보니 결국 몸만 축나게 된다. 절제된 식사와 생활이 진정한 자유를 얻는 방법이다.

우리가 부를 탐닉하는 것도 결국은 진정한 의미의 자유로움으로 나아가기 위한 과정일 뿐이다. 물론 지금의 경제적 궁핍을 해결하기 위해 어떤 방법이든 선택하겠지만, 그렇게 해서 한 단계 나아진 삶을 살다 보면, 분명 욕망을 채우기 위한 물질적 수단과 노력이 나를 풍족하게 만들어 주지 못한다는 사실을 알게 될 것이다.

우리가 좋은 땅을 찾고 그 위에 지어진 좋은 집을 선택하고, 풍수 인테리어를 활용해서 적합한 방 배치와 가구를 선택하는 것은 모두 운을 맞아들이기 위함이다. 그 운이 들어가고 작용할 수 있는 공간이 바로 나의 몸과 마음에 있다.

앞서 집 안에서 물건을 비우는 것이 가장 우선시되어야 함을 말했다. 평면이 아닌 입체적인 운의 공간을 그려보자. 그 공간은 나의 집일 수도 있고, 나의 하루 24시간일 수도 있다. 궁극적으로는 내 마음이라는 곳에도 공간이 있다. 만일 좋은 기운을 온전히 받아들이고자 한다면, 쓸데없는 물건을 버리는 것처럼 마음의 공간도 비워 내는 것이 중요하다.

진정한 풍요와 행복을 바란다면, 일단 비워 보자. 내 공간을 비우면서 함께 마음을 비워 내는 시간을 가져도 좋고, 일부러 시간을 내서 가만히 자리에 앉아 명상을 하는 방법을 적극적으로 활용해도 좋다. 이것은 지금까지 수많은 사람들에게 좋은 공간을 이어 주고 또 그들의 공간에서 그들의 삶을 풍족하게 하고자 한, 나의 방식이기도 하다. 이렇게 진정한 자유의 의미를 알고 스스로 비워 낼 줄 아는 사람은, 명당뿐만 아니라 좋은 의미의 모든 것과 저절로 연결될 것이다.

풍수 부자로 가는 길

비움을 강조하다 보면, 간혹 아껴야 잘 산다는 말을 듣는다. 아끼면 잘 사는 것은 당연하다. 하지만 지금까지 다녀온 수많은 공간 중 비움이 필요하지 않은 곳은 단 한 곳도 없었다. 버리고 나면, 오히려 채우는 것에 신중해진다. 어차피 버리게 될 것임을 알기에, 꼭 필요하지 않다면 채우려 하지 않기 때문이다.

내 공간에서
운을
쌓는 법

아직도 운을 쌓는다는 의미가 막연하게 느껴질 수 있다. 지금까지의 이야기가 어려웠다면, 이번에는 한 문장으로 쉽게 말해보겠다. 운을 쌓으라는 이야기는 착하게 살아야 한다는 뜻이다. 그 이상도 그 이하도 없다. 부정한 방법으로 돈을 벌면서 오래도록 잘 살기를 바라지 말고, 타인에게 피해를 입히고 타인의 마음에 상처를 내면서 본인은 행복한 삶을 살기를 원하지 말라는 뜻이다. 좋은 일을 하루에 한 번이라도 하는 것, 자연을 잘 활용하여 오늘 하루를 잘 살아내는 것이 오늘 하루의 운을 쌓는 방법이다. 나의 행동이 운을 부르고, 내가 사는 곳에 운이 모일 때 지금보다 더 나은 내일이 펼쳐진다.

운을 모을 수 있는
세 가지 방법

나는 운을 모을 수 있는 영역을 주로 세 가지로 분류한다. 하나는, 우리가 지금까지 풍수를 통해서 이해하고 있는 공간의 영역이다. 집과 직장, 내가 머무는 모든 곳에 운을 쌓는 방법이다. 이것은 어찌 보면 간단하다. 복잡한 풍수를 배우는 것이 아니라 내 주변에 있는 무형의 모든 것들까지도 교감하는 방법이다. 교감이라는 단어가 와닿지 않는다면, 집 안에 있는 특정한 물건을 봤을 때 그 물건이 존재할 수 있기까지 손이 닿았던 모든 사람, 구성하는 모든 물질을 하나하나 뜯어보면 된다.

예를 들어 집 안에 화분이 하나 있다. 그 화분이 만들어지기까지 얼마나 많은 사람의 손이 필요했을지 상상해 보자. 정답을 알겠는가? 아마 바로 이해하는 사람도 있을 것이다. 정답은, 이 땅에 존재했던 모든 사람이다. 화분 하나가 만들어지기까지 화분을 직접 만든 사람, 그 사람과 연결되어 있는 직장 동료와 가족 등 가지를 뻗어 나가면 결국 이 땅에 존재했었고 지금도 존재하는 모든 사람으로 확장된다. 그러니 물건 하나의 본질만 이해해도 내 공간을 바라보는 차원이 달라진다. 또한 저절로 모든 이의 소중함이 느껴지니 집 안에 있는 모든 것에 감사하게 된다.

다음은 관계의 영역이다. 집에서 혹은 직장에서 우리는우리는 누군가와 소통하며 함께 살아간다. 내가 만나는 사람들과의 관계를 통해서도 좋은 운을 쌓을 수 있다. 눈을 마주칠 때 웃으며 말 한마디 건네고, 상대방의 말을 진심으로 귀 기울여 듣고, 상대방의 마음을 헤아려 주는 것만으로도 충분하다. 그렇게 관계라는 운을 쌓다 보면, 그 사람이 나에게 좋은 기회를 전해 주고 운을 전해 준다.

그중에서 가족이라는 인연은 매일 함께 하다 보니 참으로 오묘한 형태를 보인다. 가장 가까이 지냈지만 가장 멀어질 수도 있고, 물리적으로 붙어 있지만 함께 사는 이의 마음을 확실히 살필 수가 없기 때문이다. 그동안 가족이라는 울타리를 통해서 얻은 것이 더 많았다면 특별히 고민할 게 없지만, 만약 가족이 나에게 해가 되거나 나를 힘들게 한다면 진솔한 대화 시간을 가지거나, 어쩌면 떨어져 있는 시간이 필요할지도 모른다.

마지막으로 '나'라는 사람의 영역이다. 우리의 몸은 죽으면 '혼'과 '백'으로 분리된다. 굳이 죽지 않더라도 이러한 개념으로 스스로를 분해해 보는 경험은 충분히 의미가 있다. 내가 어떻게 움직이고 있는지, 어떤 마음 상태인지 잘 관찰하는 것이다.

심리 상담이 나에게 도움이 되는 이유 중 하나는 나의 속마음을 털어놓으면서 나의 상태가 어떠한지를 스스로 깨닫게 되기 때문이다. 물론 전문적인 기법과 약물을 포함한 수많은 치료 방법이 있지만, 나 스스로에 대해 생각하는 기회를 갖는 것이 치유의 시작이다. 그런 의미에서 나 자신을 잘 돌아보고 내가 어떤 삶을 살고 있는지부터 확인해 보자. 생각보다 많은 심리적 위안을 얻을 수 있다.

이러한 세 공간의 설정 그리고 그 안에서 우리가 할 수 있는 최선을 다하다 보면, 나와 관련된 모든 공간에서 매 순간 운을 쌓을 수 있다.

풍수에서는 '혈'이라는 단어를 사용한다. 혈은 기운이 모여 있는 곳이라고 생각하면 된다. 좋은 기운이 모여 있는 곳에 머물면 사람에게 그 기운이 전달된다. 보통 '터가 세다'라는 표현을 하는데, 만일 터가 너무 좋은 경우에는 이전에 좋지 않은 공간에서 오래 살았던 나의 몸이 적응을 하기 위한 어느 정도의 시간이 필요하다.

겉만
부자인
사람들

　돈이 많다는 것은 기회가 많다는 것을 뜻한다. 내가 먹고 싶은 것을 마음대로 먹을 수 있고, 물건이나 생필품을 살 때 가격도 생각하지만 품질도 함께 고려하는 여유가 생긴다. 돈과 더불어 자유롭게 운용할 수 있는 시간까지 갖게 된다면, 단연 최고의 삶이라고 할 수 있다.

　하지만 돈이 많다는 것은, 지켜야 한다는 부담과 소중한 것을 잃을 기회가 많다는 의미이기도 하다. 풍수 컨설팅을 하면서 만난 수많은 의뢰인들과 부자들을 보고 느꼈다.

겉으로 보이는 모습이
다가 아니다

 강의를 나가거나 유튜브 영상에서도 늘 이야기한다. 돈이 많아 보이는 사람이라고 해서 모든 것이 평안하지는 않다. 돈이 없어도 소중한 가족이 해체될 수 있지만, 돈이 많으면 소중한 가족이 해체될 확률은 더욱 높아진다. 있어도 걱정, 없어도 걱정이니 당연히 있는 것이 좋긴 하지만, 돈이 많은 만큼 그것을 유지할 수 있는 능력도 같이 키워야 더 높은 가치를 지킬 수 있다.

 한 의뢰인은 겉으로 봤을 때에는 누가 봐도 사업하는 집안의 사모님이었다. 실제로 의뢰인의 배우자가 40년 이상 사업을 이어 오고 있었다. 하지만 실상 그 집안을 들여다보면 누구도 속 편한 이야기를 할 수 없을 것이다. 오랜 세월 사업을 하는 사람으로서 늘 대표의 자리에 있었지만, 끊임없이 새로운 사업을 시도하면서 여러 번 망하기도 했다. 지금도 세금에 대한 압박과 경영 불건전성의 위험을 갖고 있었다. 부모님과 친척들에게도 자세한 내막을 알리지 못하니, 잘 살고 있는 모습을 보이기 위해서 잘 사는 척 연기를 해야 했다.

 하지만 돈만 쫓고자 하는 가장 때문에 가족의 관계는 금이

가다 못해 산산조각 나 있었다. 타고난 복이 있어서 수십 년 이상 넓은 집에서 살고 고급 외제차를 가지고 있었을지는 모르지만, 눈에 보이는 것에만 집중하다 보니 오히려 안 보이는 곳이 새고 있었다. 사업과 보이는 모습을 위한 돈 때문에 가족 관계가 희생되었던 것이다. 큰 줄기에서 가족 구성원들의 명운이 같이 흘러갈 때가 있다. 부자로 살아온 집안이 다음 대에도 잘 살 수 있는 확률이 높은 것도 그러한 이유다.

풍수적으로 봤을 때 한 집에 살아도, 집의 기운에 영향을 받는 정도는 개인에 따라 차이가 크다. 한 줄기에서 뻗어 나온 나뭇가지들의 모양새가 가지각색인 것과 같은 이치다. 특히 한 가지가 다른 가지들보다 크게 자란다면, 그것은 다른 가지들의 희생 덕분이다. 기운이 센 가장의 기운이 밖으로 뻗어 나가는 것이 아니라 집 안으로 향하면, 든든한 보호막이 아니라 희생을 요구받게 된다.

격이 있는 사람과
격이 없는 사람

예전 한 부동산 유튜브 채널에 출연했을 때, 부자를 나누는 개인적인 기준이 무엇이냐는 질문을 받은 적 있다. 나는 부자를 나누는 기준은 '격'이라고 답했다. 직업에 귀천이 없고 사람은 모두가 평등하다고 하지만, 현대 사회에서 이름 붙이지 못하는 심리적 장벽과 계급이 세워져 있는 것은 부인할 수 없다. 우리는 이 장벽 앞에서 무너지는 자신의 자존감이 오로지 나보다 더 많이 가진 사람들 때문이라고 생각하지만, 격이 없는 존재는 결국 부자라고 칭할 수 없다.

아무리 돈이 많아서 수억 원에 달하는 차를 일시불로 사서 타고 다닌다고 해도, 깜빡이가 고장 난 것은 아닌가 싶을 정도로 깜빡이를 사용하지 않고 도로를 누빈다면, 그 사람은 격이 없는 사람이다. 아무리 100억이 넘는 아파트를 자가로 소유하고 있어도 아래층 사람의 고통을 생각하지 않고 우리 아이가 뛰어다니는 것을 보고만 있다면, 그 집안은 격이 없는 집안이다. 물론 많은 자산을 일구기 위해서 한평생 노력했고, 그래서 성취했고, 세금도 많이 내고 주변에 기여하는 바가 크다고 해도, 격 없이 살아가는 이에게 운이 오래도록 머물기는 어렵다. 그 운의 크기를 정확하게 알 수 없지만, 언젠가는 바닥이 난다.

풍수의 고서 《청오경》을 보면, '동산토염 서산기운東山吐焰 西山起雲'이라는 구절이 있다. 동쪽 끝에서 피어오른 불꽃의 기운은 서쪽 끝의 구름을 만들어 낸다고 하였다. 아무렇지 않은 것 같은 작은 행동이 모두 운이 되어 나에게 부메랑처럼 돌아온다. 보이는 것을 중요시하는 것보다, 진정으로 의미 있는 부의 축적과 그에 맞는 격을 높이기 위한 노력을 해야 하는 이유도 마찬가지다.

보이는 것이 중요한 세상이다. 특히 한국인들에게 보이는 것은, 단순히 보이는 것 이상의 의미를 갖는다. 하지만 지금까지 이야기하지 않았는가. 남들에게 보여 주기 위한 부자 행세를 하면, 진짜 소중한 것들을 모두 잃을 가능성이 커진다. 앞으로 진정으로 격이 높은 부자들이 많아졌으면 하는 바람을 가져본다.

풍수 부자로 가는 길

같은 집에 살더라도 각자 타고난 기운의 차이가 있고, 각자 머무는 공간에도 차이가 있다. 그렇기 때문에 내가 멀쩡하다고 해서 가족 모두가 멀쩡할 것이라 생각하지 않는 게 좋다. 다른 가족들도 지금 머무는 곳에서 편안함을 느끼고 있는지, 불편함은 없는지 살피자. 가족 모두 건강해야 더 잘 살 수 있다.

1000억 이상의
부자들을 만나고
알게 된 것

　책 전체적으로 부자를 계속 언급하면서도 부자에 대한 기준을 제대로 생각해 보지 않았다. 그렇다면 현실적으로 얼마를 갖고 있어야 부자라고 할 수 있을까? KB금융에서 발간한 〈2023 한국 부자 보고서〉를 보면, 금융자산 10억 이상과 거주 주택을 포함한 부동산 자산 10억을 함께 보유한 사람을 부자로 설정하고 있다. 생각보다 부자의 기준이 낮게 느껴질 수도 있다.

　그도 그럴 것이, 유튜브나 각종 매체에서는 너도나도 월

1000만 원을 벌고, 부동산 공부를 3년 정도 하고 투자했더니 100억을 벌었다는 내용이 넘쳐난다. 자칫하면 나만 돈을 못 버는 사람처럼 느껴질 수 있다. 또한 현실적으로 수도권과 지방의 부동산 차이가 크기 때문에, 지방과 수도권의 물가에 따라 만족도 차이가 있을 것이다. 예를 들어 10억의 아파트라면, 주요 광역시에 위치한 대장 아파트가 아닌 이상 거의 대부분의 아파트를 선택할 수 있지만, 서울에서는 중심을 벗어나야지만 30평대 아파트가 보이기 시작한다.

그렇다면 대략 20억 정도가 있을 때 어느 정도의 안정성이 확보되었다고 볼 수 있는데, 20억을 넘고 100억을 넘어선, 1000억대의 '초부자'들은 대체 어떤 사람들이며 그 비결은 무엇일까?

큰 부자들을 만나고 알게 된 것들

풍수 컨설팅을 하다 보면 자연스레 '초부자'라고 불리는 분들을 쉽게 만나게 된다. 과연 그 사람들은 어떤 생각을 가지고 어떤 공간에 살고 있을까? 그 사람들의 공간을 들여다보고, 공간에서 알 수 있는 그들의 삶과 특징을 개인적으로 분류해 보았다.

첫 번째, 현실적인 돈에 대한 공부만 하는 것이 아니라 운 또한 인식하고 있다. 그들은 단순한 호기심으로 풍수를 삶에 접목하지 않는다. 복합적인 여러 요소를 생각하는데, 아무리 본인이 뛰어나다고 해도 운적인 요소 없이는 지금까지 누리고 있던 것들을 얻을 수 없었으리라는 생각을 강하게 한다. 특히 조상님의 산소를 잘 유지하고 싶어 하는데, 옛날부터 중요하게 생각하던 '뼈대 있는 가문'이 되기 위해 오랜 노력을 잇는다는 의미가 있다.

실제로 만났던 수천억대의 부동산 자산가는 대외적으로는 자신의 뜻과 의지대로 모든 것을 이뤘다고 말하지만, 사석에서는 조상님의 산소를 옮기고 나서부터 모든 사업이 잘 풀리기 시작했다고 조용히 이야기했다.

물론 우연히 맞아떨어졌을 수도 있다. 그리고 운명을 결정론적으로 보느냐 개척론적으로 보느냐에 따라 해석이 다를 수도 있다. 하지만 터를 통해서 의뢰인들을 만나고 공간을 정하기까지의 오묘한 과정을 보면, 모든 것이 복잡하게 얽혀 있음을 체감할 때가 많다. 눈에 보이는 것에 대한 노력과 눈에 보이지 않는 것에 대한 노력을 모두 쌓고 있기 때문에 확률적으로 더 잘되는 길을 걸을 수 있는 것 같다.

두 번째, 그들은 끝날 때를 항상 계획하고 있다. 사업을 하고 있다면, 이 사업이 끝나는 시점을 항상 염두에 둔다. 끝난다고 해서 망하는 것을 생각하는 게 아니다. 물론 망할 것을 대비해서 항상 사업에 신경 쓰지만, 그런 차원이 아니라 본인이 경영의 일선에서 물러났을 때를 생각하며 이 사업체를 매각할 것인지 아니면 대를 이을지 고민한다.

부자들의 스승으로 유명한 김승호 회장님의 사장학 강의를 직접 들은 적 있다. 거기에서 한 청중이 회장님의 고민은 무엇인지 물었다. 그러자 회장님은 자신의 자산을 어떻게 지켜나갈지가 가장 고민이라고 말씀하셨다. 그 시점은 회장님께서 경영하는 회사를 수천억에 매각한 직후였다.

끝날 때를 계획하는 것은 우리가 버릇처럼 입에 담는 파이어족과는 다르다. 파이어족은 40대 전후에 경제적 기반을 갖추고 조기 은퇴를 목표로 하는 사람들을 말한다. 그래서 일이라는 것을 최대한 빨리 떨쳐 내고 하루 빨리 원하는 만큼의 자산을 이루고 나면, 원했던 여행지로 소리 소문 없이 떠나리라 다짐한다.

하지만 실제로 원하는 만큼의 자산을 달성한 이들의 대부분은 일을 놓지 못하거나, 일을 내려놓고 떠났다고 해도 또다시 일을 하기 위해 돌아온다.

끝날 때를 계획하는 것은, 다른 말로는 또 다른 시작을 생각하는 것이기도 하다. 이 시대를 잠시 살아가는 사람으로서 본인이 해야 할 역할에 대해서 확실히 인지하고, 자신이 떠날 시점과 그 후 자신의 자리를 차지할 사람이 잘 들어올 수 있도록 계획을 세워두는 것이다.

풍수적 사고관의 핵심 중 하나는 '순환'이다. 풍수를 삶에 적용하는 일은, 자연의 순리를 벗어나서 삐걱거리는 현대인들의 삶을 자연의 순리와 흐름에 다시 올라타도록 하는 것을 의미한다. 풍수를 삶에 적용하고 나서 삶이 잘 풀리기 시작했다고 말하는 이들은, 나름의 이유가 있다.

세 번째, 겸손함이다. 여기서 말하는 초부자의 권역에 들어간 사람들일수록, 50억에서 100억 정도의 자산을 가진 사람들보다 훨씬 매너가 좋았다.

이것은 첫 번째 개념과도 밀접하게 맞닿아 있다. 내 뜻으로만 쌓아 올릴 수 있는 성공은 분명히 한계가 있다. 그 한계에 다다르지 못했을 때에는 세상의 모든 일들이 나의 뜻대로 이루어질 것이라 생각한다. 그러다 보면 자신감이 자만심으로 흘러가기 쉬우며, 존중보다는 대우를 원한다. 하지만 그런 자만심이 한계에 맞닿는 순간을 겪고, 거기에서 다시 일어나 한 단계 더 올라가 더 큰 자산을 이룬 사람은 주변이 있기에 자신이 있다는 사실을 안다.

1000억이라고 하는 돈이 현실적으로 느껴지지 않을 수 있다. 하지만 나는 궁극적으로 돈이 있기 전에 사람이 있다고 말하고 싶다. 아무리 금수저라고 해도, 그 금수저를 입에 물려주기까지 부모 혹은 그 윗대의 피나는 노력이 후손의 부를 이룬 것이다. 그러니 지금의 '없음'에 너무 기죽을 필요 없다. 단지 시기적 차이가 있을 뿐이다. 부잣집에 살든 나의 집에 살든, 똑같이 현관이 있고 화장실이 있고 주방이 있다.

사람도 마찬가지다. 돈이 있는 사람이나 돈이 없는 사람이나, 결국 사람이라는 본질의 차이는 없다. 중요한 점은 내가 원하는 바를 이룰 수 있는 사람이라는 확신, 그 이전에 내가 지금 가진 것을 돌아볼 줄 아는 이가 되어야 조금이라도 자산을 늘릴 수 있는 자격이 주어진다는 것이다. 그것은 많은 자산이 있어야 가능한 것이 아닌, 오히려 부족하다 느껴지는 현재의 시점에서 쌓을 수 있는 마음의 자산이다. 그 마음의 자산이 1000만 원이 될지 1000억 원이 될지는 당신의 마음에서 부터 결정된다.

풍수 부자로 가는 길

풍수적으로 좋지 않은 공간에서 오래 머물면, 자연히 그 공간에 젖어드는 경우가 많다. 설령 자신의 몸과 마음이 위축되어 있음을 인지해도, 그 이유 때문에 이사 가는 것은 쉽지 않다. 그렇기 때문에 지금 당장 할 수 있는 풍수 인테리어를 강조하는 것이다. 가장 중요한 것은 하고자 하는 마음이다. 풍수 부자가 되기 위해서, 지금 당장 할 수 있는 행동을 실천하자.

좋은 집과 나쁜 집
삼성동 아파트 리모델링,
경매 공장부지 컨설팅

강남에 있는 한 고급 아파트에 감정을 갔을 때의 일이다. 겨울 무렵이었다. 의뢰인이 새롭게 이사할 집을 돌아보면서 손봐야 할 곳이 어디인지 짚어드렸다. 이미 계약을 완료한 후에 컨설팅을 하러 갔기 때문에 집 자체에 대한 평가를 하는 게 참 조심스러웠다.

의뢰인의 가장 큰 고민은 이전의 집 주인이 의사였는데, 파산을 하고 이사를 갔다는 점이었다. 일반적으로 집을 알아보러 갈 때 보통 공인중개사에게 흔히 들을 수 있는 말이 "이 집

▲ 리모델링 전, 보조화구의 위치와 후드의 색상을 고민한 의뢰인의 주방

▲ 리모델링 후, 물과 나무의 상생 기운을 위해 검정색과 녹색을 적용한 모습

풍수 부자들

에 살았던 사람들이 다 잘 풀려서 나갔어요", "이 집에 살면서 돈을 많이 벌어서 더 큰 집으로 이사 갔어요", "이 집 아들 딸이 다 잘 됐어요" 등이다.

그만큼 이전에 살았던 사람이 어떻게 살았는지 여부는 일반적인 집 선택의 관점에서도 중요한 요인이다. 나 또한 많은 사람들이 전에 살던 사람의 행보에 대한 염려가 충분히 이해된다. 일정한 장소에서 이전에 살았던 사람의 운적인 특성을 풍수 요소라고 할 수 있다면, 풍수 요인이 주거만족의 정도에 영향을 미친다는 연구사례도 있다.*

나랑 잘 맞는 집이
따로 있다?

우선 이것부터 짚고 넘어가자. 보통 많은 의뢰인들이 하는 질문이 "이 집이 저랑 맞는지 알고 싶어요" 혹은 "저랑 잘 맞는 집을 좀 찾아주세요" 등이다. 나에게 잘 맞는 집이 분명히 있다. 하지만 나무 그늘이 사람을 가리지 않는 것처럼, 좋은 집은 보편적으로 그 집에 사는 사람에게 좋은 영향을 준다고 보면 된다. 나쁜 집도 마찬가지다.

하지만 개인의 살아온 세월과 타고난 운명에 따라서 좋은 운이 발현되는 시점, 나쁜 운이 발현되는 시점에서 차이가 있다. 그러다 보니 설령 풍수적으로 좋지 않은 집에서 살았다고 해도 누구는 그 집에 온 뒤로 사업도 잘되고 가족들 모두 건강하게 잘 있다가 갈 수 있고, 또 누구는 그 집에 와서 쫄딱 망해서 나갈 수 있는 것이다.

현장의 경우 입지와 구조에 있어서 조금의 문제가 보이기는 했다. 하지만 그것만으로 쉽게 그곳에서 살게 될 모든 이들의 미래가 어두울 것이라고 단정하기 어려웠다. 그 의사가 파산을 하기까지에는 개인적인 문제가 있을 수도 있고, 사업장 자체의 풍수적인 요인, 경영을 하는 입장에서 나타날 수 있는 문제 그리고 사회적 요인 등 여러 가지가 복합적으로 작용하였을 것이다.

가끔 이사는 잘 했는데 집에 들어온 후로 친척 중 한 명이 교통사고를 당했다며 지금 살고 있는 집이 나쁜 곳 아니냐는 질문을 받는다. 산소의 경우 조상의 유골이 땅 속에서 운의 뿌리가 되어 자손이라는 줄기와 가지가 잘 뻗어 나갈 수 있도록 에너지가 되는 원리가 작용한다. 하지만 내가 사는 집은 '나'라는 '한 가지'에 대한 작용일 뿐이다. 이미 각자의 가정을 꾸려서 그 집만의 가지를 뻗은 다른 형제에게 내가 사는 집 때문에 영향이 갈 일은 없다.

풍수에 흥미를 느껴서 공부를 했다가 중간에 포기하는 이유는 다음과 같다. 한 공간을 평가하는 일은 한두 가지만 알아서 해결되지 않는다. 또한 어렵기도 하거니와, 궁극적으로는 참으로 무서운 일이다. 나 역시나 운명의 수레바퀴에 이끌려 풍수의 명맥을 잇고 연구하는 사람이 되기는 했지만, 개인적으로는 매 현장마다 살얼음판을 걷는 기분이 든다. 내가 한 순간 잘못 판단하고 평가했을 때, 의뢰인과 그 가족에게 미칠 영향은 감히 돈으로 환산할 수 없다.

만약 경매로 나온 집을 사서 들어가려 하거나, 알아본 집의 등기부등본이 어지럽다면 한번쯤은 더 주의 깊게 살펴볼 필요가 있다. 한 연구에 따르면, 경매 물건 중에서도 복수경매주택의 경우 낙찰 횟수가 높아질수록 풍수지리학적 흉지일 가능성이 높다는 결과가 나타나기도 했다. *

그렇지만 무조건 나쁜 집이라고 단정해서도 안 된다. 예전에 경주에 아파트를 감정한 적이 있는데, 입주하기 전까지는 등기부에 나타난 복잡한 내력에 내심 걱정했지만, 의뢰인에게 아파트에서 너무나도 평안한 기분을 느끼면서 잘 지내고 있다는 연락을 받았다. 또 경기도에서 공장을 운영하시는 대표님의 요청으로 맞은 편 경매 물건으로 나온 공장을 감평하기도 했다. 해당 공장 매물의 경우에는 최종적으로 낙찰을 받아도 좋다고 결론을 내고 왔다.

결국 완벽하고 확실한 정답은 없는 것 같다. 하지만 불확실해 보이는 상황 속에도 질서는 있고, 자연이 순환하는 원리가 그와 같을 것이다. 불확실한 현실과 공간에 대한 선택을 반복하면서 살아야 하지만, 큰 틀에서의 원리를 잊지 않는다면, 분명 틀린 답을 선택할 확률도 줄어들 것이다.

풍수 부자로 가는 길

만약 몸에 상처가 났을 때, 바로 연고를 바르면 며칠 안에 완벽히 치유할 수 있다. 하지만 그것을 방치하면, 신체의 일부를 잘라내야 할지도 모른다. 집 안에 있는 요소도 마찬가지다. 좋은 집과 나쁜 집을 구분할 것이 아니라, 작은 물건이나 얼룩 하나도 가벼이 여기지 않고 바로바로 고치고 닦아 내면, 그만큼 운의 손실을 줄일 수 있다.

부를
나눌 수 있는 마음
경주 최부자댁

대를 이어 온 부자들 중에서 가장 큰 인간적 교훈을 남겨 줄 수 있는 집안은, '경주 최부자댁'이 아닐까.

최부자댁이 풍수적으로 의미 있는 이유는, 터보다는 그 공간을 차지한 사람들의 노력에 있다. 대를 이어서 오래도록 부를 유지할 수 있는 정신적 가르침을 정립하였고, 그 가르침을 명확히 규정화하여 후손들에게 전하는 작업을 멈추지 않았다. 수백 년이 지난 지금 경주 최부자댁의 부는 결실을 맺고 사라졌지만, 그 가르침은 이 땅 위에 있는 모든 이들에게 전해지고 있다.

경주 최부자댁은 경주 최씨 최진립 선생의 7세손인 최언경 선생을 통해서 경주시 내남면 이조리에서 지금의 교동으로 이주하게 된 곳이다. 지금의 최부자댁의 왼편에는 교동법주를 판매하고 있다. 최씨 가문에서 전통적으로 빚어온 술이기 때문에 그 맛이 뛰어나다. 개인적으로도 주변에 교동법주를 선물했을 때 실패한 적이 없었다. 이번에 책을 쓰기 위해서 다시 한번 경주 최부자댁을 돌아보고 역시나 옆에 있는 교동법주 건물로 들어가서 술을 한 병 샀다.

▲ 교동법주 고택 내부

그런데 이번에는 유독 교동법주 고택이 눈에 들어왔다. 대문을 열고 들어가면 바로 왼쪽에서는 술을 판매하고 있고, 안채는 고택의 형태를 그대로 유지하고 있다. 경주 최부자댁보다 뭔가 더 강렬한 기운이 느껴져서, 참으로 신기하다는 생각을 가지고 돌아왔다. 그런데 마침 경주 최부자댁에 대해서 조사를 하다 보니, 지금의 경주법주 고택 자리가 원래 최언경 선생이 처음 이조리의 집을 해체해서 가져온 재목으로 지은 집의 자리라는 것을 확인할 수 있었다.*

주산이 없어도
명당이 된 이유

최부자댁은 풍수적으로 특이한 점이 있다. 바로 집터에 기운을 전해주는 직접적인 주산主山이 없다는 것이다. 대신 대문을 열고 봤을 때, 바로 앞에 안산이 1자 모양으로 보기 좋게 펼쳐져 있다. 능선이 1자형으로 있는 산의 형태를 '토형산 土形山'이라고 한다. 토형산이라고 해서 한 가지의 특징으로 규정하기는 어렵지만, 보통 권력을 얻는 것을 일순위로 꼽고, 그 다음 순위로 재물을 의미한다.

좋은 자리의 조건 첫 번째, 내가 위치한 자리가 평평해야 한다. 당시 여러 의미가 있었겠지만, 아마 남향의 주택 형태를 고려했고, 해당 주택의 입지가 요석궁터였다는 점, 주산은 없지만 넓은 평지로 이뤄져 있어 주변의 가옥들과 교류가 수월했을 것이라는 점을 바탕으로 입지를 선정했을 가능성이 크다. 또한 북쪽 위에 있는 릉이 산과 같은 풍수적 역할을 해 평지임에도 지형의 이점을 이용할 수 있었을 것이다. 충분히 지금의 위치로 선정한 이유를 짐작해 볼 만하다.

예로부터 풍수에서는 서북쪽의 허전함을 강하게 경계했다. 현재의 교동고택이 지어질 무렵 최씨 가문은 그 점을 충분히 인식하고 있었다. 교동고택의 원래 터는 서북쪽이 트여 있었다. 고택 뒤편에 가 보면 느티나무를 볼 수 있는데, 이것은 서북쪽이 트인 지형을 보완하기 위해서 당시 최언경 선생이 풍수적 비보법을 사용한 것이다.

아무런 생각 없이 고택을 가 보면 생각보다 작은 한옥의 모습에 실망할 수도 있다. 하지만 그 집에 담겨진 숨은 의미를 들여다보면 그리 단순하게 보고 넘어갈 곳이 아니다. 사소한 땅의 높낮이에도 이유가 있고, 그 땅 위에 지어진 집의 높낮이에도 집을 지은 이의 사상이 담겨 있다.

경주 최부자댁의 집이 전체적으로 낮은 이유는 대외적으로

▲ 경주 최부자댁 모습

는 겸양을 미덕으로 하기 때문이고, 대내적으로는 풍수적인 비보를 위함이다. 이러한 사실을 알고 최부자댁을 바라보면 집 하나에 담긴 역사적인 이야기가 영화처럼 생생하게 느껴질 것이다.

　서두에서 말한 것처럼, 개인적으로 경주 최부자댁을 높이 사고 풍수적으로도 큰 의미를 두는 이유는, 집터를 뛰어넘는 집주인의 정신적 가르침이 있었기 때문이다. 사실 교동고택보다 풍수적으로 더 큰 의미를 가진 고택이 참 많다. 내룡의 기운을 잘 받아 나온 땅에, 좌청룡과 우백호가 잘 감싸 주는 최고의 명당터를 둔 고택들도 많지만, 그러한 고택들보다 더 오래도록 이름을 알리고, 역사적으로도 많은 귀감이 되고 있으니 그것은 육훈의 힘이라고밖에 설명되지 않는다.

최부자댁의 육훈은 이미 많은 이들에게 알려져 있고, 이미 이전 책(《돈이 모이는 재물운의 비밀》)에서도 소개한 바가 있어, 이 책에서는 최부자댁의 '육연'을 소개하고자 한다. '그러할 연然'이라는 글자는, 자연의 의미를 잘 드러내는 한자이기도 하다. 육연의 구체적인 의미는 아래와 같다.

자처초연自處超然 스스로 모든 일에 얽매임 없이 지내라

대인애연對人愛然 사람을 대할 때는 좋은 마음으로 대하라

무사징연無事澄然 일이 없을 때는 초조해하지 마라

유사감연有事敢然 일이 있을 때에는 당차게 해결해 나가라

득의담연得意澹然 원하는 바를 얻을 때 담담하게 행동하라

실의태연失意泰然 일을 실패해도 아무렇지 않게 행동하라

풍수의 최고의 미덕 중 하나는 '조화로움'이다. 조화가 이루어지면, 온화해지고 저절로 풍족해지며 우리가 바라는 부자의 삶을 살 수 있다. 공간과 잘 어우러지고, 주변과 잘 어우러지며, 궁극적으로는 나 자신과 어우러질 수 있는 최부자댁의

교훈은, 이 땅과 이 땅 위에 있는 모든 이의 삶을 풍족하게 할
수 있는 한국의 부자 교육법이다.

풍수 부자로 가는 길

내가 사는 집을 중심으로 뒤를 받쳐 주는 산을 '주산', 내 앞을 받쳐 주는
산을 '안산'이라고 한다. 개념상의 용어이기 때문에 완벽히 내 뒤에 있거나
앞에 있는 형태가 아닐 수도 있다. 책만 보고 풍수를 공부했을 때의 한계
가 여기에 있다. 사람의 모습이 천태만상이듯, 자연도 그렇다. 풍수의 개
념을 정확하게 적용하고 내 삶에 적용하기 위해서는 수많은 현장을 다니
는 것이 우선이다.

500년 동안
부잣집이었던 곳
울진 해월종택

유명한 맛집을 가 보면, 그 집만의 음식 역사를 보기 좋게 적어 놓은 글을 쉽게 찾을 수 있다. 마케팅을 위해서 임의로 작성했을 수도 있지만, 어떠한 수단으로 사용되었다 할지라 도 자신의 상품에 대한 고유한 특성과 역사를 설명할 수 있다 는 것은 마케팅 수단을 넘어 그것을 보는 이에게 강한 신뢰성 을 부여한다.

대한민국은 현대화를 거치면서 기술적으로 첨단을 이끄는 나라가 되었지만, 오히려 전통에 대한 인식은 너무나도 빈약

해졌다. 다른 나라에서는 우리의 전통을 배우고 체험하고자 나라를 찾아오는데, 정작 땅의 주인은 아는 바가 점점 없어지고, 전통을 낡은 것으로 생각하면서 하나하나 지워 나가기에 급급하다. 우리는 오랜 부를 유지하기 위해서는 전통과 신념 그리고 정신적 가치를 지켜 나가는 것이 중요하다는 사실을 다양한 사례를 통해 이미 알고 있다. 그런 면에서 울진 해월 종택 역시 우리에게 시사하는 바가 크다.

부자의 취미 일순위, 산책과 걷기

2024년 2월에 울진에 있는 펜션 풍수 컨설팅과 더불어서 유튜브 콘텐츠 촬영을 위해 울진에 다녀왔다. 울진을 여행하면서 다양한 곳을 소개하기 위해 의미 있는 공간을 찾아 다녔다. 그중에서도 기억에 남는 곳이 있는데, 바로 울진 평해황씨 '해월종택'이다. 해월종택은 민족문화유산으로 지정된 곳으로, 평해 황씨인 해월 황여일(1556~1622) 선생께서 정착한 뒤 지금까지 이어지고 있는 고택이다.

강한 바닷바람을 맞이하는 울진이라고 생각할 수 없을 만

큰 집 뒤에 있는 낮은 야산이 단단히 집을 감싸 주고 있었다. 이름 있는 산은 아니었지만, 땅에서 솟은 기운이 그 공간을 감싸 주니 지금까지 집안의 전통이 잘 이어졌을 것이라 생각된다. 주변의 큰 산의 기운을 이어받은 것은 아니지만 야산만으로도 집안의 정기는 충분해 보였다.

또한 종택을 중심으로 서북 방향에 위치한 현종산의 지류에서 흘러내려온 물이 동해를 만나기 전 종택 앞마을을 크게 안아 주고 있었다. 풍수에서는 물의 방향도 큰 의미를 갖는데, 물 중에서도 최고로 치는 '서출동류수'가 흘러가니, 해월 종택의 부에도 큰 영향을 미쳤을 것이다.

작은 마을의 안쪽에 있는 해월종택에 들어가 보니, 종부님께서 편안한 복장으로 마당을 돌고 계셨다. 처음에는 종부님인지 몰랐는데, 집 안을 돌아보고 질문을 드리면서 그때 종부님인 것을 알게 되었다. 예전에 주실 마을의 북비고택에 갔을 때에도 자손 분께서 집 안을 돌면서 산책하는 것을 본 장면이 겹쳐졌다.

잠시 다른 이야기를 하자면, 땅을 밟고 집 안을 걷는 행위는 여러 가지로 좋은 의미가 있다. 운동 효과는 물론이고, 내가 머무는 곳과 끊임없이 교류한다는 뜻이 있다. 그러면서 자

▲ 야산이 감싸 주고 있는 해월종택의 모습

▲ 해월종택 내부

연스레 집 전체를 살피는 역할도 하게 되니, 집 전체가 자연스레 관리된다. 또한 불가의 수행법 중 '경행'과도 의미가 이어진다. 경행은 질병과 재앙을 물리치기 위해 불교 경전을 마음으로 외면서 일정한 장소를 거니는 것을 말한다. 그러니 종부님처럼 집 안을 천천히 돌고 산책하는 것은 여러 가지로 도움이 된다.

더 와닿을 만한 자료를 뒷받침해 보겠다. 2024년에 하나금융경영연구소에서 발간한 〈웰스리포트〉를 보면, 부자의 취미 일위는 골프가 아닌 바로 산책과 걷기였다. 이 정도면 집 안을 산책하는 것에 대해서 다시 생각해 볼 만하지 않은가. 작은 거실이 있는 집이라고 해도, 아니 내 방 하나라고 해도 그 안에서 의미 있는 부자의 걸음을 쌓아갈 수 있다.

큰 부자는
나만 생각하지 않는다

다시 본 이야기로 넘어와서, 해월종택의 종부님 덕분에 검색으로는 찾을 수 없는 해월종택의 실제 역사를 생생하게 들을 수 있었다. 여느 어머님들과 같이 자식에 대한 자랑부터 종부로서 지금의 전통을 잇고 있다는 자부심, 예전 해월종택의 기세 등 많은 이야기를 들었다. 지금은 해월종택만 남아 있지만, 예전에는 그 일대의 평지를 모두 갖고 있었다고 한다. 하지만 일제 시대에 독립을 위한 자금으로 쓰기 위해서 돈이 될 만한 땅은 모두 팔았다고 말씀하셨다.

종택에 대한 역사를 듣다 보니 오래도록 부를 유지해 온 진정한 부자들이 우리 땅을 지키기 위해 크게 기여했다는 사실을 알 수 있었다. 해월종택에서 나온 인물 중 황만영 선생이 그 증거다. 국오 황만영 선생(1875~1939)은 해월 황여일 선생의 10세손으로, 한평생을 독립운동가로 살아가신 분이다. 황만영 선생은 을사늑약 이후 군자금을 지원한 것으로 유명하다. 이후 대흥학교도 설립하였고, 1925년 임시정부에도 참여하며 나라를 지키기 위해 최선을 다했다. 사후 1995년에 건국훈장 애족장이 추서되었다. 그분이 지낸 거처가 해월종택 바로 앞에 위치해 있었다. 황만영 선생의 행적을 기리기 위한 기념비가 잘 세워져 있었다.

종부님께서는 지금의 집이 너무나도 마음에 들고 좋다고 하셨다. 시간의 변화에 따라서 1년 내내 변화하는 주변의 경관과 꽃을 보고 있노라면 시간이 가는 줄 모른다고 말씀하셨다. "너무 너무 예쁘다"라는 종부님의 말이 아직도 귓가에서 들리는 것 같다. 도심에서만 한평생 살아온 나로서는, 낡은 한옥에서 지내는 것이 너무나 불편하지 않을까 걱정되었다. 하지만 다행히 해월종택을 개보수할 때에는 국가의 일정한 지원을 받는다고 한다. 각 지역마다 이렇게 전통적인 가옥과 건축물을 위한 지원을 아끼지 않기를 희망한다.

인구가 몰리는 서울 경기를 제외한 거의 전 지역이 인구 감소, 지방 소멸의 위기를 맞이하고 있다. 그래서 각 지자체에서 관광 상품을 개발하여, 등록 인구는 늘리지 못하더라도 활동 인구를 늘리기 위한 노력을 이어 가고 있다. 지방마다 특색 있는 축제를 개발하는 것도 좋지만, 진정으로 전통을 지키고 있는 곳은 등한시하고 인위적이고 거짓으로 전통을 만들어 내는 모습이 가끔은 안타깝다.

해월종택의 경우에도 울진군에서 지원을 해 주고는 있지만, 더 적극적으로 전통과 역사를 배울 수 있는 활동을 한다면 더 많은 사람들에게 귀감이 될 수 있지 않을까?

해월종택을 떠나기 전 종부님께 마지막으로 이 집을 어떻게 하실지 여쭤 보았다. 한 치의 망설임도 없이, 자손들이 이곳을 지키러 올 것이라고 말씀하셨다. 500년의 전통을 지켜

오고 있는 종부님의 말씀에는 큰 울림이 있었다. 격이 높은 진정한 부자의 모습이었다. 따뜻한 봄날을 지나고 푸르름이 많아지는 때에 다시 한번 뵙기를 기약했다.

풍수 부자로 가는 길

전국에 남아 있는 고택에 가 보면, 아직도 후손들이 거주하고 있는 경우가 많다. 그렇기 때문에 고택을 방문할 때에는 기본적인 예의를 갖추고, 지내는 분들에게 해가 되지 않는 선에서 돌아봐야 한다. 전통을 잇는 일은 절대 쉽지 않다. 우리가 쉽게 하지 못하는 것을 하고 있는 분들이기 때문에, 더 많은 정신적 물리적 지원이 필요하다.

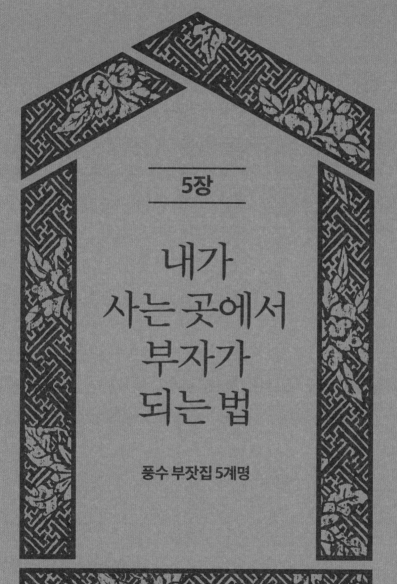

5장

내가
사는 곳에서
부자가
되는 법

풍수 부잣집 5계명

진짜
부자로
살고 싶다면

여기까지 책을 읽었다면, 내가 지금까지 부자라는 단어를 심어 주기 위해서 얼마나 노력하고 있는지를 조금이나마 알게 되었을 것이다. 그리고 그러한 노력의 이유를 조금 더 설명하고자 한다.

누군가 여러분에게 "당신은 부자인가?"라는 질문을 한다면, 당신은 어떻게 대답할 것인가? 내가 부자인지에 대한 생각은 본인의 삶에 대한 만족도가 어느 정도인지로 치환된다. 굳이 객관적인 데이터를 인용하지 않더라도 우리나라가 다른 나라보다 삶의 만족도가 떨어진다는 사실을 대부분 알고 있을 것이다.

한 대학교에 강좌를 개설하고자 이력서를 냈을 때, 담당 팀장님이 나에게 물었던 질문이 떠오른다. 내가 은행에서 고액 자산가를 대상으로 강의를 진행했던 이력을 보고, 강좌를 듣기 위해서 오신 분들은 어떤 분들이고, 그분들을 위해서 어떤 강의를 하는지 궁금해하셨다. 하지만 그들이라고 해서 특강의 내용이 크게 다르지는 않았다. 물론 거기에 참석하신 분들은 당연히 최소 수십억의 금융자산을 가진 분들이었다. 참여 인원은 15명 정도였는데, 각 지점의 지점장들이 VIP들의 비서처럼 보일 정도로 서비스에 최선을 다하는 모습이 보였다.

하지만 그 질문을 하신 팀장님 역시 누가 봐도 안정적인 직장에서 오래도록 일하고 있었고, 전문 자격증을 소지하고 있었으며, 박사학위도 있는 상태였다. 물론 집안의 경제 상황이 어떠한지는 그 집 사람들만 아는 일이니 외적인 이력만 보고 속단할 수는 없다. 하지만 외적 능력만 봐도 굳이 크게 부러워할 이유는 없어 보였다. 역시 부자라는 개념은 상대적이며, 사람들은 지금보다 더 큰 부자가 되기를 원한다는 것을 실감했다.

부를 불러오는
동선의 법칙

우리가 낯선 공간에 갔을 때 두려움을 느끼는 이유는 단 하나다. 바로 동선이 없기 때문이다. 낯선 공간을 두 번 세 번 반복해서 가다 보면 익숙한 공간이 되며, 그곳을 편안하게 느낀다. 동선이 만들어졌기 때문이다.

풍수적으로 각 좌향에 따라서 집 안의 좋은 방향과 좋지 못한 방향도 궁극적으로는 동선에 대한 이야기다. 앞서 로또 명당을 설명할 때, 줄지어 선 손님들의 동선 덕분에 그곳의 운이 더 좋아졌다는 이야기를 했다. 그만큼 공간의 운은 물리적인 사람의 동선 그리고 거기에서 느끼는 사람의 편안함이 합쳐져 만들어진다.

우리가 긍정적인 생각을 갖고, 미래에 대해서 확신을 갖는 것, 보통 우리는 이것을 끌어당김의 법칙으로 이해한다. 나의 입장에서 봤을 때에는, 끌어당김의 법칙도 마음의 동선을 만드는 행위 중 하나다. 내 마음의 동선을 좋은 곳으로 지속적으로 잇다 보면, 어느새 나의 물리적인 삶도 마음으로 정해놓은 이정표대로 흘러간다는 것이다.

이어지는 내용에서 부자가 되고 싶다면 먼저 마음속에 새

거야 하는 '부잣집 5계명'을 설명할 예정이다. 하지만 그 5계명이 있기 이전에, 꼭 한 가지 선행되어야 할 것이 있다. 바로 '지금' '내가' '부자'라고 생각하고 또 그렇게 확신을 가지는 것이다.

내 첫 번째 책의 부제는, '100억을 가져다주는 인생'이었다. 부제 때문에 수많은 사람들의 비난을 받았다. "너는 얼마나 있길래 100억이라고 말하느냐"부터 "돈이 그렇게 많은데 왜 그렇게 구걸하고 다니냐"라는 말 등 참 많은 말을 들었다. 하지만 크게 신경 쓰지 않았고, 강연에서든 사석에서든 "당신은 부자가 맞냐"라고 묻는 질문에 나는 언제나 주저하지 않고 "그렇다"라고 답한다.

이러한 토대 없이는 아무리 많은 자산을 쌓더라도 사상누각沙上樓閣에 지나지 않는다. 집 한 채를 늘리고 나면, 나보다 한 채 더 많은 사람과 비교하며 다시 불행해질 것이다. 한 채만 더 늘리면 행복할 것 같아서 겨우 한 채 더 늘려 보지만, 이번에는 건물을 갖고 있는 사람이 눈에 보인다. 물론 이러한 자극은 자산을 증식할 때 꼭 필요한 요소이기도 하다. 하지만 여기에만 몰두하다 보면 지금의 행복은 사라지고 쌓는 행위에만 몰두하여, 이 순간에만 할 수 있는 것들을 놓치기 쉽다. 수많은 의뢰인들을 보며 느꼈다.

가성비 있는 삶,
가성비 없는 삶

나는 '가성비'라는 단어를 삶의 관점에 자주 대입한다. 사업을 운영할 때뿐만 아니라, 내 시간을 쓰고자 할 때에도 가성비를 항상 생각한다. 무조건 싼 것을 찾으려는 심산이 아니다. 오히려 가격이 있더라도 장기적일 수 있고, 심미적으로 기쁠 수 있고, 만족감을 얻을 수 있다면 그것은 가성비 있는 소비다. 하지만 주변에 이끌려서, 따라가기 위해서 하는 소비로 이루어진 삶은 행복도가 지극히 떨어질 수밖에 없다. 가성비가 떨어지는 삶이다.

많은 현대인들이 점점 불행해지고 우울해지는 이유는, 주변 사람과 비교하며 가성비 떨어지는 삶을 추구하기 때문이다. 포기의 개념과 착각하지 않았으면 한다. 나의 삶에서 '주변'이라는 요소를 걷어내고 나면, 생각보다 적은 자산으로도 내가 원하는 행복한 삶을 살 수 있다. 그 순간이 부자가 될 수 있는 시작점이다.

이제 진정으로 부자로 가는 마음의 동선을 이을 준비가 되었는가? 그 동선을 쉽게 잘 만들기 위해서는, 가성비라는 단어를 꼭 기억하자. 그 단어를 자주 떠올리고 삶에 적용할수록 부자로 가는 마음의 동선과 현실적인 동선이 쉽게 이어질 것이다.

풍수 부자로 가는 길

삶의 만족도를 올리는 방법은 생각보다 쉽다. 주변과 나의 모습을 비교하고 우울해하는 가성비 떨어지는 삶에서 벗어나면 된다. 행복의 기준을 돈 하나만 두고 잡는다면 나보다 조금 더 가진 사람을 볼 때마다 절망하게 될 것이다. 다른 사람의 인생이 아닌 내가 걸어온 길과 걸어갈 길에 집중하자.

1계명
집을 돈 그릇으로
만들어라

호리지차 화복천리 毫釐之差 禍福千里

털끝만 한 차이로 화와 복이 천 리나 벌어진다

풍수적인 관점으로 부자가 되는 첫 번째 방법은, 집 전체를 나의 '돈 그릇'으로 만드는 것이다. 풍수에 관심이 있어서 좋은 집을 찾고, 풍수 인테리어에 맞춰서 집을 꾸미고자 하는 사람이라고 해도, 정작 집 자체를 하나의 소중한 존재로 인식하는 경우는 거의 없다.

어릴 때부터 남의 집을 전전하면서 집에 한이 맺힌 사람이 아니라면, 현대인들에게 집이라는 공간은 콘크리트 덩어리 혹은 자산 증식을 위한 수단 정도에 불과하다. 하지만 부자로서 살아가는 사람 그리고 진정한 부자가 되고자 한다면 집 자체를 소중한 존재로 인식하는 것이 중요하다.

운을 부르는 물건이 따로 있을까?

어떻게 하면 재물운을 키울 수 있고, 재물운을 키울 수 있는 물건이 무엇인지 물어보는 이들이 많다. 집 안에 재물운을 불러 오는 물건들이 있기는 하다. 현관에 소금단지를 둬 액운을 막거나, 주방에 둔 쌀독과 밥솥으로 재물운을 키우고, 돈을 잘 담아둘 수 있는 금고를 마련하는 것 등 물건으로 운을 키우는 것이 아예 불가능하지는 않다.

음식을 예로 들어보자. 좋은 재료로 맛있는 음식을 만들었다고 해도, 마지막에 담는 그릇이 시원찮다면 음식을 먹기도 전에 식사를 망치게 된다. 재물운을 높이기 위해서 두는 물건들 그리고 재물운을 지극히 바라는 사람은 좋은 재료로 만든 음식에 불과하다. 집이라는 존재를 하나의 개체로 잘 설정해야, 온전히 모든 운을 잘 챙길 수 있다.

가끔 상담을 하다 보면 "저는 지금 월세로 살고 있어서, 나중에 집 살 때 풍수 컨설팅 받을게요"라고 말하는 분들이 있다. 이런 말을 들을 때마다 참 안타깝다.

2년이라는 세월은 참으로 긴 시간이다. 전세나 월세로 살면 풍수의 요인, 즉 자연의 법칙도 통과되는 것인가. 자가가 아니니 재산세를 안 내도 되는 것과는 차원이 다르다. 전세와 월세로 살더라도 그곳은 내가 머무는 동안 나의 집이다. 단 하루를 살더라도 내가 머무는 공간이 그 하루 동안 나의 집이 된다. 그 공간에서 잘 지내야 진정으로 좋은 운을 쌓고 풍족하게 살아갈 수 있다.

보이지 않는 것에
집중하자

나의 경우 풍수 인테리어와 관련한 내용 중, 물건을 두는 것과 더불어 그곳에 머무는 사람의 행동 그리고 눈에 보이지 않는 것들도 항상 강조한다. 쉬운 예로, 집 안에서 나쁜 말을 많이 하면 그 나쁜 소리는 나의 집에 울려 퍼지고, 그 소리의 파장은 나에게 고스란히 전달된다.

눈에 보이지 않는 것들이라고 하니, 무당처럼 생각할까 염려된다. 하지만 내가 말하는 눈에 보이지 않는 것들은 소리와 향이다. 눈에 보이는 물건에만 집중할 게 아니라, 집 안에서 나는 냄새에 민감하게 반응하고, 집 안에서 나쁜 냄새가 난다면 그것을 없애기 위해서 노력하는 게 중요하다.

물건으로 채워지지 않는 공간은 향과 소리로 가득 채워져 있다. 집 안에서 좋은 소리가 나도록 하는 방법 중 하나는 좋은 음악이나 영상을 많이 틀어 놓는 것이다. 종교를 가진 사람이라면 찬송가나 찬불가도 좋다.

냄새 이야기가 나와서 말인데, 냄새는 신비한 경험을 전해 주는 요소 중 하나다. 풍수 컨설팅을 가면 각 공간마다 느껴지는 특유의 향이 있다. 내부를 세부적으로 봐야 하지만, 보통 그 집에 첫발을 내딛는 순간 느껴지는 향에 따라 집의 길흉을 대강 짐작할 수 있는 경우도 있다. 그만큼 냄새를 잘 관리하는 것은 집을 잘 관리하고 있다는 것, 집이라는 돈 그릇을 잘 관리해 부잣집으로 만들고 있음을 뜻한다.

세부적인 행동들을 신경 쓰다 보면 참 귀찮다는 생각이 들 때도 있다. 풍수의 고서에는 '호리지차 화복천리毫釐之差 禍福千

里'라는 구절이 있다. 우리가 명당과 흉지를 분류할 때, 그 차이는 한 발자국 정도의 차이에 지나지 않는다는 내용이다. 그 작은 차이가 대대손손 영향을 주는 화복을 결정한다.

내가 집 안에서 하는 행동도 마찬가지다. '집이 무슨 귀가 달린 것도 아니고 눈이 달린 것도 아닌데'라고 생각한다면, 격 높은 부자로서 오래도록 부를 유지하기 어렵다.

작은 차이가 명품을 만든다는 말은 틀린 말이 아니다. 나의 작은 행동과 정성, 마음 한 자락이 털끝만큼의 차이를 만들고, 그 털끝만큼의 차이가 쌓여서 우리 집 전체를 돈 그릇으로 만든다. 그렇게 되면 그 부잣집 속에서 당신은 저절로 부자가 된다.

풍수 부자로 가는 길

향은 집에서 정말 중요한 역할을 한다. 어떤 곳을 방문하더라도 각 공간마다 느껴지는 특유의 향이 있다. 내부를 제대로 보기 전 입구에서 나는 향이 좋지 않다면 집을 제대로 관리하지 않는다는 의미이기에, 그 집의 길흉을 대강 짐작할 때도 있다.

5장 내가 사는 곳에서 부자가 되는 법

2계명
흉한 것을
잘 피해라

피흉추길 避凶追吉

흉한 일을 피하고 좋은 일에 나아감

부자로 살아가기 위해서 지켜야 할 두 번째는, 바로 빠져나가는 것을 잘 살펴야 한다는 것이다. 재물은 어찌 보면 운을 통해서 타고 들어오고 또 빠져나간다. 풍수에서는 '피흉추길'이라는 말을 자주 사용한다. 우리가 자연의 법칙을 통해서 흉한 것을 피하고 길한 것을 쫓는다는 의미다.

여기서 중요한 점은, 길한 것을 쫓는 것보다 흉한 것을 피하는 게 우선시되어야 한다는 점이다. '피흉'이 우선시되기 위해서는 지금을 돌아볼 줄 아는 지혜가 필요하며, 현재에 대한 감사한 마음을 가져야 한다. 가진 게 많아질수록 부자들이 하는 고민은, 어떻게 지켜나가는가에 있다.

소중함과 감사함을
알아야 하는 이유

어떤 것의 소중함을 알게 되면, 우리는 지키고 싶은 마음이 생긴다. 예를 들어 얼굴만 알던 직장 내 다른 부서의 한 직원이 있다고 할 때 우리는 그 사람에 대해서 특별한 마음이 없다. 하지만 그 직원과 친하게 지냈거나 조금의 이성적 끌림이라도 있었다면, 그 사람이 직장을 떠난다는 말을 들었을 때 많은 생각을 하게 된다.

마찬가지로 지금 머물고 있는 공간을 감사하게 생각한다면, 흉한 것을 피하기 위해 조심하기 시작한다. 그래서인지는 몰라도 동양의 고전을 살펴보면 유독 일상 속 경계하는 마음과 조심하는 삶을 강조하는 내용을 찾을 수 있다.

《중용》에서는, '계신호기소부도戒愼乎其所不睹 공구호기소불
문恐懼乎其所不聞'이라고 하였다. 보이지 않는 곳에서 더욱 경계
해야 하며, 들리지 않는 곳에서 더욱 두려워하고 조심하라는
의미다. 흉한 것을 피하기 위해서 노력하면 저절로 길한 것이
찾아온다. 이것을 '흉하지만 않아도 그 자체가 길한 것'이라는
의미로 생각했으면 좋겠다.

풍수 컨설팅 이후 연락이 닿은 의뢰인들 중 공간을 바꾼 후
어떻냐고 물어보면, 시큰둥하게 대답을 할 때가 있다.

"생각보다 딱히 좋은 일이 안 일어나고, 그냥 똑같아요."
"그럼 좋지 않은 일이 생겼나요?"
"아니요. 딱히 나쁜 것은 없어요."

나쁜 것이 없는 상황, 그것이 얼마나 감사한 일인지를 잊은
것이다. 풍수를 삶에 적용한 이후 로또 당첨이나 드라마틱한
삶의 변화가 있기를 기대했을지 모른다. 하지만 별 탈 없는
하루가 얼마나 행복한 일인지를 곰곰이 생각해 보자. 가만히
있어도 웃음이 나고 내 옆에 있는 소중한 사람을 떠올리면 눈
물이 흐를지도 모른다.

명당을 찾는 일은 궁극적으로 흉지를 피하는 일이다. 실제

로도 그렇다. 흉한 것을 피한 이후에 내 삶이 길한 쪽으로 흘러가기 위해서는 나의 노력이 깃들어야 한다. 지금 내가 어떤 것을 가지고 있는지 한번 천천히 살펴보자.

  가장 쉬운 예로 이 책을 읽기까지의 모든 과정을 생각해 보면 된다. 이 책을 볼 수 있는 눈이 있고, 이 책을 들 수 있는 손이 있으며, 이렇게 생각할 수 있는 건강한 몸과 마음이 있다는 것부터 말이다. 나의 공간과 삶 속에서 감사한 것을 찾고, 그것들에 온전히 감사함을 느끼며, 그것을 지키기 위해서 노력하고 경계하면서 살아가는 것. 그것이 부잣집 두 번째 계명이다.

풍수 부자로 가는 길

현재 살고 있는 곳의 기운이 좋지 못하다는 것을 알게 된 의뢰인들은 보통 "여기서 해결할 방법은 없나요?"라고 묻는다. 물론 비보풍수의 형태를 적용할 수는 있지만, 이미 흉지에 자리한 공간을 비보로 완벽히 해결할 수 없다. 어떨 때는 더 큰 운의 손실을 막기 위해서 이사를 가는 등 어느 정도 경제적 손실을 감수하는 것이 필요하다.

3계명
때가 되면 바뀐다

시래운전 時來運轉

때가 되어 좋은 운이 돌아오다

우리가 잘 살고 싶다면 꼭 기억해야 할 세 번째 비밀은 "때가 되면 바뀐다"라는 메시지다. 많은 사람들을 만나면서, 인생의 굴곡이 없는 사람이 없음을 새삼 느낀다. 그리고 고통을 호소하고 지금의 삶에서 벗어나고자 하는 이들도 참 많다. 진정으로 잘 살고 싶다면, 두 가지를 더 알아 두자.

준비된 사람에게
부富가 들어온다

첫 번째는, 내가 제대로 된 노력을 하고 삶이 바뀌기를 기대하라는 것이다. 《금낭경》에는 "역소도대위삼흉力小圖大爲三凶"이라는 구절이 있다. 적게 노력하고 크게 되기를 꾀하는 것이야말로 흉한 것이라는 의미다. 땅과 명당을 이야기하는 구절에서 흉한 터의 요소 중 하나라고 꼽는 것이 바로 이러한 마음이다.

풍수를 공부하고 연구하는 것 그리고 삶에 적용하는 것은 비인간적인 다른 요소를 찾고자 함이 아니다. 풍수를 잘 적용한 삶은 모든 것과 조화를 잘 이루는 삶이다. 모든 것은 장소, 그 장소에 살고 있는 사람 그리고 그 사람의 마음가짐 등 여러 요소가 하나로 어우러질 때 결실을 이룬다. 그래서 명당의 한 요소로서 그 공간에 머무는 사람의 노력을 꼭 이야기해야 한다.

땅은 단순히 명당 혹은 흉지로만 구분되지 않는다. 명당 속에서도 더 좋은 명당이 있고, 나름의 등급이 정해져 있다. 예전부터 좋은 땅은 사람을 가리고 주인을 기다린다고 하였다.

지금보다 더 풍족하고 잘 살고 싶다면, 단순히 나보다 더 가진 사람을 보고 부러워하지만 말고, 그 사람이 그렇게 되기까지 얼마나 뒤에서 노력하였는지를 생각해야 한다.

'노력 없이도 잘 살던데' 하면서 염세적으로 생각해도 삶은 바뀌지 않는다. 생각 한 자락이라고 해도 나에게 도움이 되는 쪽으로 생각해야 하고, 그것들을 모아야 한다. 그렇게 해서 좋은 사람이 되고 더 높은 단계에 오른 사람이 될 때, 물질적으로도 풍족해질 수 있고 더 행복하게 살 수 있다.

풍수와 부동산을 연구하는 것뿐만 아니라 한 회사를 운영하면서, 더욱더 성장하고자 회사를 운영하는 분들과의 모임을 찾을 때가 많아졌다. 그중에서 오래도록 성공을 유지하고 있는 분들은, 물질적으로 풍족할 뿐만 아니라 현실을 긍정적으로 바라볼 줄 아는 높은 인격을 가졌다. 부자와 돈을 이야기하면서, 내가 정신적인 부분을 강조하는 것은 이런 이유 때문이다.

구체적으로 돈을 벌 수 있는 기술과 그 기술들을 배울 수 있는 강의와 교육 자료가 넘쳐나는 세상이다. 하지만 그런 세부적인 기술도 '나'라는 사람의 인격적인 성장이 뒷받침되어야 더 빛을 발한다.

두 번째, 내가 제대로 된 노력을 하고 있다면 언젠가는 바뀐다. '시래운전時來運轉'이라고 했다. 내가 의미 있는 노력을 이어 간다면, 그것은 분명 쌓이고 있다. 단지 내가 원하는 방식으로 가시적인 성과가 나타나지 않았을 뿐, 언젠가 적당한 때와 기회를 맞이하면 곧 가시적인 성과로 나타난다.

'말이야 쉽지'라고 생각할 수 있다. 그렇다. 말과 글로 이야기하는 것은 쉽다. 하지만 내가 원하는 때에 가시적인 성과가 나오지 않는다고 하여 포기할 것인가? 그것만큼 안타까운 일도 없다. 모든 변화는 계단식으로 이루어진다.

《황제택경》을 보면 각 방위를 나누었을 때, 큰 운이 변화하는 방위들 사이에 끼어 있는 방위에 대해서도 고민하고 있는 내용이 나온다. 풍수에서는 각 방향에 따라서 정해져 있는 운이 있다. 그 방향에 따른 운도 8방향으로 나누든 24방향으로 나누든 그 사이가 있기 마련이다.

이해하기 쉽게 시계로 예를 들어보겠다. 12시 1분과 11시 59분은 1분의 차이를 갖고 있다. 거기에서 초 단위로 세분화해서 들어가면, 11시 59분 59초와 12시 1분 0초 사이에는 1초의 차이가 있다. 이전처럼 1분의 차이는 아니지만 단 1초의 차이 때문에 11시 59분 59초는 12시가 될 수 없다. 12시가 되기 위해서는 1초를 기다리는 방법뿐이다.

우리의 삶도 마찬가지다. 아마 지금의 힘겹고 답답한 시절은 11시 59분일지 모른다. 남은 1분을 채우기까지 하루가 걸릴 수 있고 일 년 혹은 그 이상이 될 수 있다. 그 깊은 기다림을 담고 있는 1분만 잘 버텨 낸다면, 분명 기다리고 기다리던 행복의 12시를 맞이할 수 있을 것이다.

풍수 부자로 가는 길

때가 되면 운이 들어온다는 말을, 아무 노력 없이 기다리면 운이 들어온다고 이해해서는 안 된다. "노력한 자에게 기회가 온다"라는 말처럼, 나의 노력과 행동이 바탕이 되었을 때 나를 도와줄 운이 들어온다.

4계명
시간으로
운의 길을 만들어라

기거유상 起居有常

자고 일어나는 것을 규칙적으로 하라

다음으로 우리가 마음속에 새겨야 할 내용은, 시간으로 운의 길을 만들라는 것이다. 이것은 정확한 방향성을 가진 노력을 말한다.

풍수를 말할 때, 사람들이 간과하고 있는 것 중 하나가 바로 시간에 대한 개념이다. 우리가 풍수를 활용해 좋은 곳을 얻고 좋은 삶을 살아가기 위해서는, 바로 '시간'이 필요하다. 회사에서 신입보다 경력자를 더 좋아하는 이유는, 시간을 경험했기 때문이다. 3년의 경력을 가진 경력자라고 할 때, 해당 분야에 필요한 능력을 갖추기 위한 노력의 시간 그리고 시행착오를 겪은 시간이 모두 모여 있음을 인정하고 더 높은 가치를 부여하는 것이다.

우리가 명당인 공간을 얻었고 어떻게 살면 되는지에 대한 지혜도 갖췄을 때, 마지막으로 필요한 게 바로 시간이다. 공간의 운을 받는 시간이 쌓여야, "명당에 갔더니 갑자기 사업이 잘 됐다"라는 말이 나오는 일이 생긴다. 예를 들어 청소를 해야 운이 들어온다는 말을 듣고 오늘 하루 딱 한 번 청소를 했다고 갑자기 내 삶이 바뀌지는 않는다. 청소가 습관이 될 정도로 깨끗해진 날들이 하나 둘 쌓여야 청결을 통한 운을 경험할 수 있다.

집 안의 동선, 인생의 동선을 만들어라

앞선 장에서 동선의 중요성을 이미 이야기했다. 풍수적으로 현관의 위치, 안방의 위치, 주방의 위치 등에 따라 집의 운의 동선이 만들어지기도 하지만, 그 공간에 사는 사람이 만들어 내는 행동의 동선도 있다. 쉽게 생각해서 우리는 퇴근 후 밖에서 집으로 들어올 때, 화장실에서 손을 씻고, 방에 가서 옷을 갈아입는다. 이러한 행동이 모두 동선이다. 또한 동선은 시간의 개념에도 적용할 수 있다. 나름의 루틴을 만들고 규칙적인 생활을 하는 것, 그것이 바로 시간의 동선이다.

춘추전국시대 최고의 정치인 관중이 쓴 《관자》를 보면, 아래와 같은 구절이 나온다.

기거시 음식절 한서적, 즉신이이수명익

起居時 飲食節 寒暑適, 則身利而壽命益

'기거시'는, 일상생활 속에서 갖는 규칙을 말한다. 정해진 시간에 일어나고 잠들며, 정해진 시간에 운동이나 취미생활을 하면, 시간을 더욱 효율적으로 활용할 수 있다.

누구에게나 24시간은 동일하게 주어진다. 하지만 24시간을 어떻게 활용하느냐에 따라서 누구는 부자로 살아가고 누구는 가난하게 살아간다. 빈부의 차이는 나에게서 비롯된다는 것이다. 사람은 하루 종일 할 수 있는 일이 한정되어 있다. 그렇기 때문에 하루 일과를 정해진 시간에 시스템처럼 흘러가게 만든다면, 뇌 에너지를 절약하여서 더 많은 생각과 더 많은 일을 해낼 수 있다. 규칙적인 생활을 하는 것만으로도 돈을 버는 효과가 있는 것이다.

부자는 돈으로 시간을 사고, 가난한 사람은 시간으로 돈을 산다. 돈으로 시간을 사는 삶을 살고 싶다면, 나의 하루를 규칙적으로 만들어 보자.

자연의 흐름에
순응해야 하는 이유

'음식절'은, 말 그대로 음식을 잘 먹어야 한다는 것을 의미한다. 규칙적인 식사를 하고, 가공된 음식보다는 천연 재료를 많이 먹고자 하는 노력이다. 한 가지 강조하고 싶은 점은 앞에서도 언급했던 제철 음식의 중요성이다.

풍수적인 관점으로 보자면 우리는 자연 속에서 순환하는 존재다. 즉 우리가 잘 살 수 있는 방법은 자연의 흐름에 순응하는 것이다. 만약 제철에 나는 음식을 그때 그때 잘 섭취한다면, 그것은 그 시기에 나는 최고의 자연 에너지를 흡수하는 것과 같다. 군이 과하게 보양식을 찾지 않더라도 제철에 나오는 식물과 과일 그리고 그것으로 만든 음식을 먹을 때 가장 건강하게 살 수 있다.

의뢰인들이 풍수의 중요성을 체감하게 되는 이유의 첫 번째는 돈이고, 두 번째는 건강이다. 그리고 건강을 잃었을 때 돈도 함께 나간다는 것을 알기 때문에, 좋은 병원을 찾는 것보다 좋은 집을 찾는 것을 우선으로 생각한다.

마지막으로 '한서적'은, 계절의 변화에 맞춰 잘 살아야 함을 의미한다. 여름에는 조금 더울 필요가 있고, 겨울에는 조금 추울 필요가 있다. 추위에 적당히 노출되고 여름에는 어느 정도 땀을 흘리면서 지내는 것이 좋다. 인간에게 '편리함'은 문명을 발전시킬 수 있는 가장 큰 원동력이 되어 주지만, 그 편리함이 장기적으로는 불편함을 초래하는 경우가 많다. 여름날 에어컨 아래에서만 살다 보면, 더위에 취약해지고 몸의 균형이 깨지면서 쉽게 속병이 난다.

이렇게 우리가 궁극적으로 건강하고 행복하고 풍족하게 살 수 있는 비결은 특별하지 않다. 자연의 법칙에 따라서 스스로의 루틴을 만들고, 규칙적으로 살아가는 시간을 쌓으면 되는 일이다.

'기거유상'이라는 말은, 생활에 일정한 법도가 있으면 곧 편안해진다는 뜻을 갖고 있다. 그렇게 될 수 있도록 몸의 동선, 시간의 동선을 만들어 자연의 흐름에 최대한 몸을 맡기는 것, 가성비 있는 부자의 삶은 여기서부터 시작된다.

풍수 부자로 가는 길

공간을 걸으며 만드는 동선뿐만 아니라 내 행동의 동선을 만드는 것도 중요하다. 인생을 하나의 길이라고 했을 때 내가 지금까지 걸어온 길이 곧 나이기 때문이다. 나의 습관, 행동, 마음가짐이 결국 지금의 나를 만든다. 동선의 중요성을 잊지 말고 나만의 동선을 만들어 보자.

5계명
부자가 될 집을
찾아라

　마지막 계명은 부자의 관점을 외부로 확장시키는 것이다. 앞에서도 지속적으로 강조했지만, 풍수를 언급한다고 해서 비현실적으로 생각하지 않았으면 좋겠다. 우리가 자산뿐만 아니라 삶 전체에 도움이 되는 좋은 것들을 늘리기 위해서 좋은 집을 찾는 것이다.

　한 개인의 삶을 바로 잡는 것을 시작으로 나라를 통치하는 가르침까지 얻을 수 있는 《대학》을 보면 다음과 같은 구절이 나온다.

정이후능정 정이후능안 안이후능려 려이후능득

定而后能靜 靜而后能安 安而后能慮 慮而后能得

위 구절을 풀이하자면, 정확한 지식과 지혜를 통해서 우리가 생각을 정해야 할 곳定이 생겼을 때 우리의 마음속에는 고요함靜이 찾아온다. 그리고 고요함이 찾아온 후에는 편안함安을 얻게 된다. 편안함을 얻은 이후에는 지혜로운 생각慮과 아이디어가 떠오른다. 마지막으로 그렇게 떠오른 지혜로운 생각과 아이디어를 바탕으로 바른 실천을 한다면, 진정으로 원하던 것들을 얻게得 되는 것이다.

이 구절이 와닿지 않는다면, 원하던 새 집을 얻고 들어가서 느끼는 감정을 대입해 보면 된다. 우선 기다리던 매물이 나와서 집을 돌아보고 계약금을 넣고 집을 정하면定, 그동안 복잡하게 생각했던 일들이 정리靜된다. 그리고 입주를 하면서 가족들과 함께 안락함安을 느낄 것이다. 이제 집도 마련했고 마음도 편안하니, 또 다른 삶의 계획들을 세울慮 수 있다. 그렇게 고민하고 수립한 계획과 아이디어를 삶에 실천하면서 우리는 궁극적으로 원하던 자산, 새로운 투자처, 새로운 업무 아이디어를 실현得한다.

좋은 터에
좋은 집을 얻는 것의 중요성

좋은 집을 얻는 일은, 곧 모든 것의 시작이자 모든 것의 마지막 지점이다. 그리고 좋은 집을 얻으면, 나 하나만 잘되는 것이 아니라 내 주변 사람들까지도 잘될 수 있다.

손소가 처음 마련한 송첨고택이 그러했고, 최언경이 옮긴 교동고택이 그러했다. 새롭게 정착한 집에서 입신양명을 했고, 그렇게 얻은 부와 명예로 덕과 나눔을 실천하니 저절로 사람이 모여들었고, 함께 잘살고자 하는 마음이 있으니 주변 사람들도 오래도록 잘 살게 되었으며, 그 이름이 지금까지 널리 알려지고 있다.

물론 아파트에 사는 대부분의 현대인들에게 수백 년 이상 지킬 수 있는 집을 마련하기란 불가능에 가까운 일일지도 모른다. 그리고 예전에는 자연친화적인 건축 방식으로 집을 지었기 때문에 개보수를 하면서도 지금까지 집안의 명맥을 이어 올 수 있었을 것이다. 그럼에도 부자로서의 인격을 완성할 수 있는 공간을 찾고자 하는 이상향을 설정하는 것은 충분히 의미 있는 일이다.

부자의 삶을 희망할 때 단순히 나만의 풍족함만 찾는다면,

그것은 부자가 아닌 그냥 돈이 많은 사람이다. 부자는, 격이 있는 사람을 말한다. 부자는, 주변을 돌아볼 줄 알고 내가 가진 것을 나눌 줄 아는 사람을 말한다. 부자는, 지금의 순간만 생각하지 않고 앞으로도 함께 잘 될 수 있는 방법을 고민하는 사람을 말한다. 부자는, 항상 대의를 품고 지금 속해 있는 공간의 범주를 나라로 확장할 줄 알고 지구의 범위까지 생각할 줄 아는 사람을 말한다. 그런 고귀한 뜻을 한번쯤 품어보는 것이 정말 멋있는 삶 아닐까.

요즘 들어 한국인들이 추구하는 행복의 수준이 높아지고 있다고 생각한다. 얼마 전 서울에 있는 한 최고급 호텔은 '호캉스'의 주제로 '쉼'을 선택했다. 호텔에서 바쁘게 움직이는 것이 아닌, 진정한 의미의 휴식을 취하고 가도록 상품을 구성하였다. 인근 숲을 거닐며 전문 해설사가 자연에 대한 이야기를 들려주고, 수영과 필라테스 그리고 명상으로 뇌와 마음이 쉬어갈 수 있는 구성이다. 이러한 현상은 진정한 행복이 물질적인 것에만 있지 않다는 점을 시사한다. 그렇기 때문에 지금까지 내가 한 이야기가 몽상가적인 발상은 아닐 것이라고 조심스럽게 생각해 본다.

《금낭경》에는 이런 말이 있다.

부토자기지체 유토사유기 夫土者氣之體 有土斯有氣

흙은 생기의 몸이기에 흙이 있는 곳에 곧 생기가 있다

  우리가 밟고 있는 땅, 들이쉬는 공기 속에 모두 기운이 있다. 그 기운을 얻고자 노력하고 활용하는 것은 좋은 집을 찾는 것에서 시작된다. 내가 사는 공간의 중요성을 다시 한번 되새기는 시간을 가지길 바란다.

풍수 부자로 가는 길

좋은 공간을 얻고 그곳에서 사는 일은, 운과 부가 들어오는 시작점이라고 할 수 있다. 풍수는 인간이 자연의 흐름에 맞게 살아가기 위해 만들어진 옛 선조들의 지혜다.

· 감사의 글 ·

부족한 글임에도 여기까지 읽어 주신 독자 여러분에게 진심으로 감사드린다. 부자가 되고 부잣집을 찾는 여정은 생각보다 멀 수도 있고 가까울 수도 있다. 나 역시 항상 지금을 돌아보기 위해 노력한다. 그리고 가난해지려는 생각을 떨쳐 내고, 부자가 되기 위해서 마음을 항상 다잡는다.

이 책을 통해서 나는 우리의 삶 자체가 풍수이며, 풍수를 진정으로 이해하고 접목할 수 있을 때 곧 부자가 되고, 부잣집 주인이 될 수 있음을 이야기하고 싶었다. 여기까지 부족한 글을 읽고 생각할 가치를 찾아냈다면, 이미 당신은 격이 높은 '진정한 부자'다. 당신의 풍족한 오늘 그리고 더 풍족할 내일을 축복하며 마무리하겠다.

"당신은 부잣집이 어울리는, 진정한 부자입니다."

오늘도 늦게까지 작업하는 남편을 기다리다 잠든,
나의 한 사람에게 이 책을 바치며

21쪽 * 2010, 〈마을의 입지유형별 비보풍수의 형태〉, 이영진, 민속연구 21집, 43~44쪽. "간물 압승법은 간수를 묻는 방법과 소금을 묻는 방법으로 나누어진다. 사례를 보면 경북 칠곡군 가산면 석우리와 경남 합천군 봉산면 권빈리의 경우는 내륙에 위치하는 마을로서 화산에 소금을 묻는다. 마을에서 동제나 산신제를 지내는 날 제관을 선정하여 일정하게 정해진 장소에 소금단지를 묻고 고사를 지낸다."

26쪽 * 2012, 노대환, 〈광해군대의 궁궐 경영과 풍수지리설〉, 246쪽.

43쪽 * 2018, 정수진, 〈제황상유인첩에 나타난 다산의 정원상〉, 한국조경학회지 vol46. 23쪽. "선비의 이상적인 원림생활을 꿈꾸었던 제황상유인첩이라는 의원기 한 편이 있다. 의원을 다룬 글을 일컫는다. 의원이란 여러 현실 요인으로 인해 현실 세계가 아닌 가상의 세계에 조성한 상상의 정원을 일컫는다."

52쪽 * 1990, 최창조, 《좋은 땅이란 어디를 말함인가》, 서해문집, 86쪽.

52쪽 ** 1990, 최창조, 《좋은 땅이란 어디를 말함인가》, 서해문집, 27쪽, "플라톤도 지령에 대하여 직접적으로 언급한 것이 있다. 어떤 장소는 사람들에게 보다 좋은 혹은 보다 나쁜 영향을 미친다. ─ 그 장소가 인간에게 좋으냐 나쁘냐 하는 것은 바람과 태양빛에 달렸으며 거기에 물과 토양도 중요하다. 이 네가지는 신체 뿐만이 아니라 인간의 선악에도 영향을 미친다."

54쪽 * 2004, 전라금석문연구 제3호, 11쪽. 인용자료를 보게 되면, 《매천야록》에서는 대원군이 자신의 재산의 절반을 주지에게 주고 사찰을 태웠다고 하기도 한다.

82쪽 * 2012, 김성철, 〈탄허스님의 예지 그 배경과 의의〉, 63쪽. "한반도의 장래는 매우 밝다고 하겠습니다. (중간생략) 오래지 않아 우리나라에서는 위대한 인물들이 나와서 조국을 통일하고 평화적인 국가를 건설할 것이며 모든 국내의 문제를 해결하고 우리의 국위를 선양할 것입니다. 우리의 새로운 문화는 다른 모든 국가들의 귀감이 될 것입니다 (1975년)."

119쪽 2019, 강기태, 〈수맥과 난치병에 대한 고찰〉, 한국정신과학학회 제51회 춘계학술대회 학술집. "심리적 역전이 있는 사람은 '나는 건강하고 싶다'라는 질문에, '근력이 약해지고 나는 병들고 싶다'라는 선언에 근력이 강해지는 긍정 반응을 보인다. 그런데 수맥 위에 있으면 심리적 역전이 없던 사람에게도 곧바로 심리적 역전이 생긴다."

193쪽 2018, 반은석 장희순, 〈풍수요인이 공동주택 거주자의 주거만족에 미치는 영향분석〉, 271쪽. "결론적으로 공동주택 거주자의 주거만족에는 일반적인 요인 외에 전통적인 풍수요인이 영향을 주고 있는 것으로 나타났다."

195쪽 2012, 김경진 김영석, 양승우, 〈서울시 부동산 복수경매 주택에 대한 풍수지리학적 해석〉, 79쪽. "경매 물건의 낙찰횟수가 높아질수록 풍수지리학적 흉지일 가능성이 높아지는 것으로 확인되었다."

199쪽 2013, 박성대 양삼열 김병우, 〈경주 최부자 가문의 양택을 통해 본 풍수인식에 관한 연구〉, 한국민족문화 47, 552쪽. "이조리 집을 해체한 재목을 가져와 건물을 지었는데, 그 건물이 현재 고택 옆 교동법주 건물이다. 이후 최기영의 장남 최세린이 집 동쪽으로 새로운 건물을 조성했는데, 이 건물이 바로 현재의 고택이다."